Constantin-Alexandrowitch BODISCO

RECHERCHES PSYCHIQUE

1888 - 1892

DÉDIÉES

AUX INCRÉDULES

ET

AUX ÉGOÏSTES

Traits de Lumière

Preuves matérielles de l'existence de la vie future

Spiritisme expérimental au point de vue scientifique

PARIS

CHAMUEL, ÉDITEUR

29, RUE DE TRÉVISE, 29

1892

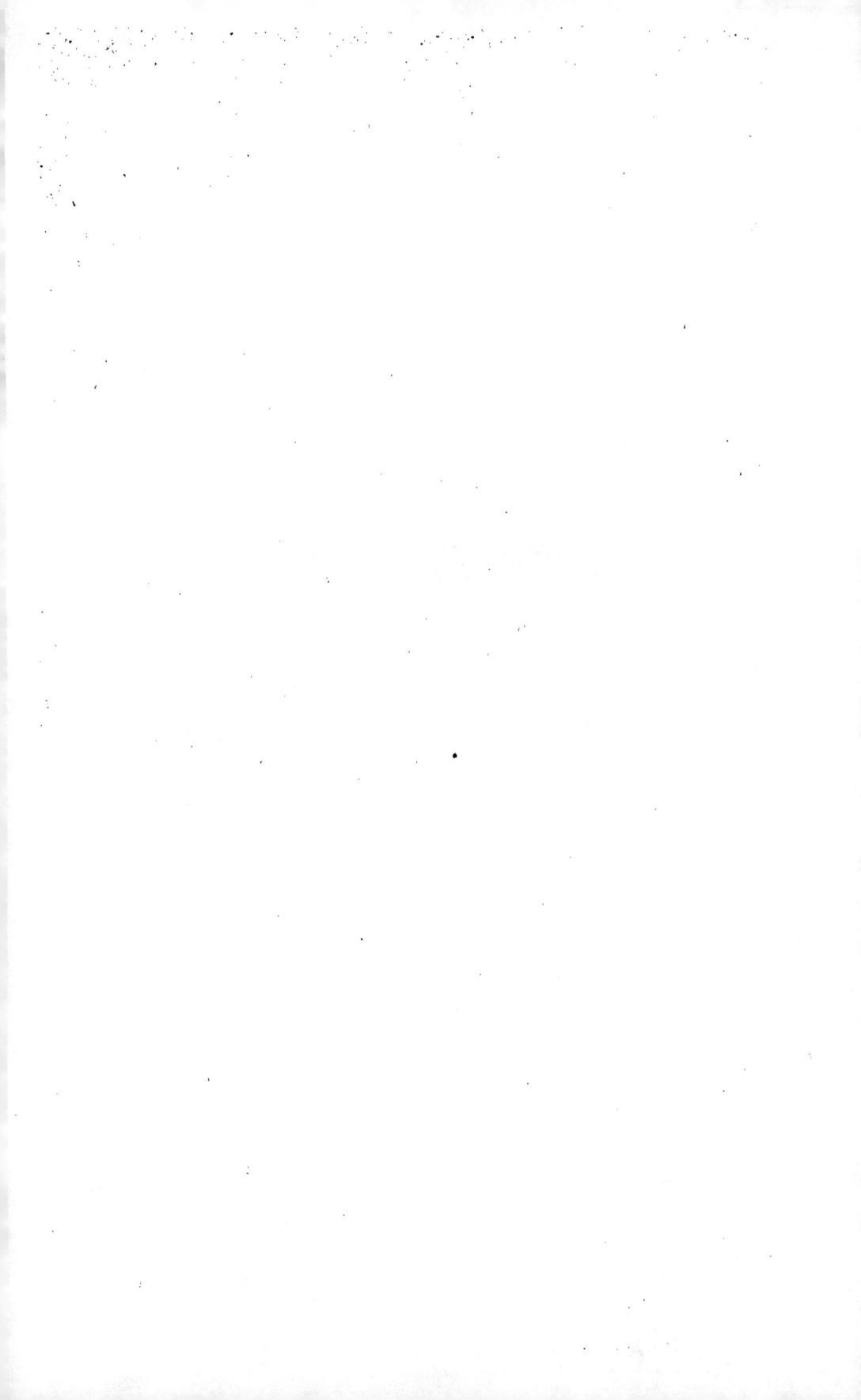

RECHERCHES PSYCHIQUES

TRAITS DE LUMIÈRE

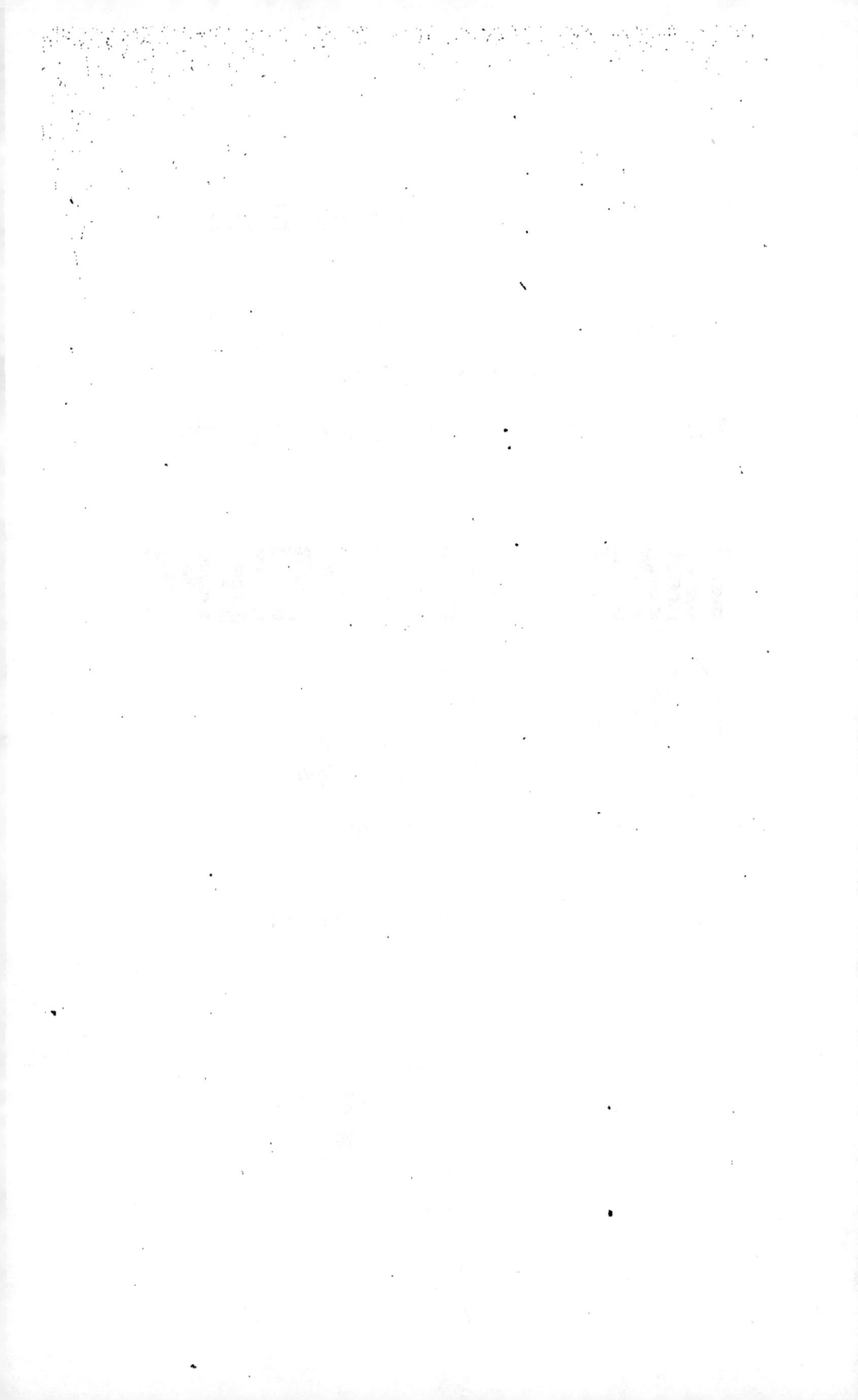

Constantin-Alexandrowitch BODISCO

RECHERCHES PSYCHIQUES

(1888-1892)

DÉDIÉES AUX INCRÉDULES & AUX ÉGOÏSTES

TRAITS DE LUMIÈRE

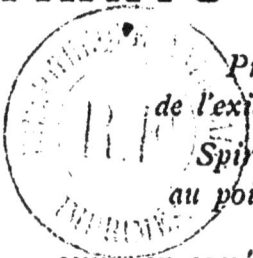

*Preuves matérielles
de l'existence de la vie future
Spiritisme expérimental
au point de vue scientifique*

OUVRAGE ORNÉ DE 3 PLANCHES HORS TEXTE

PRÉFACE DE PAPUS, DIRECTEUR DE " L'INITIATION "

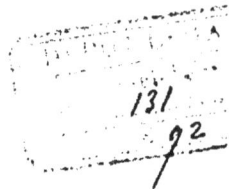

PARIS

CHAMUEL, ÉDITEUR

29, RUE DE TRÉVISE, 29

1892

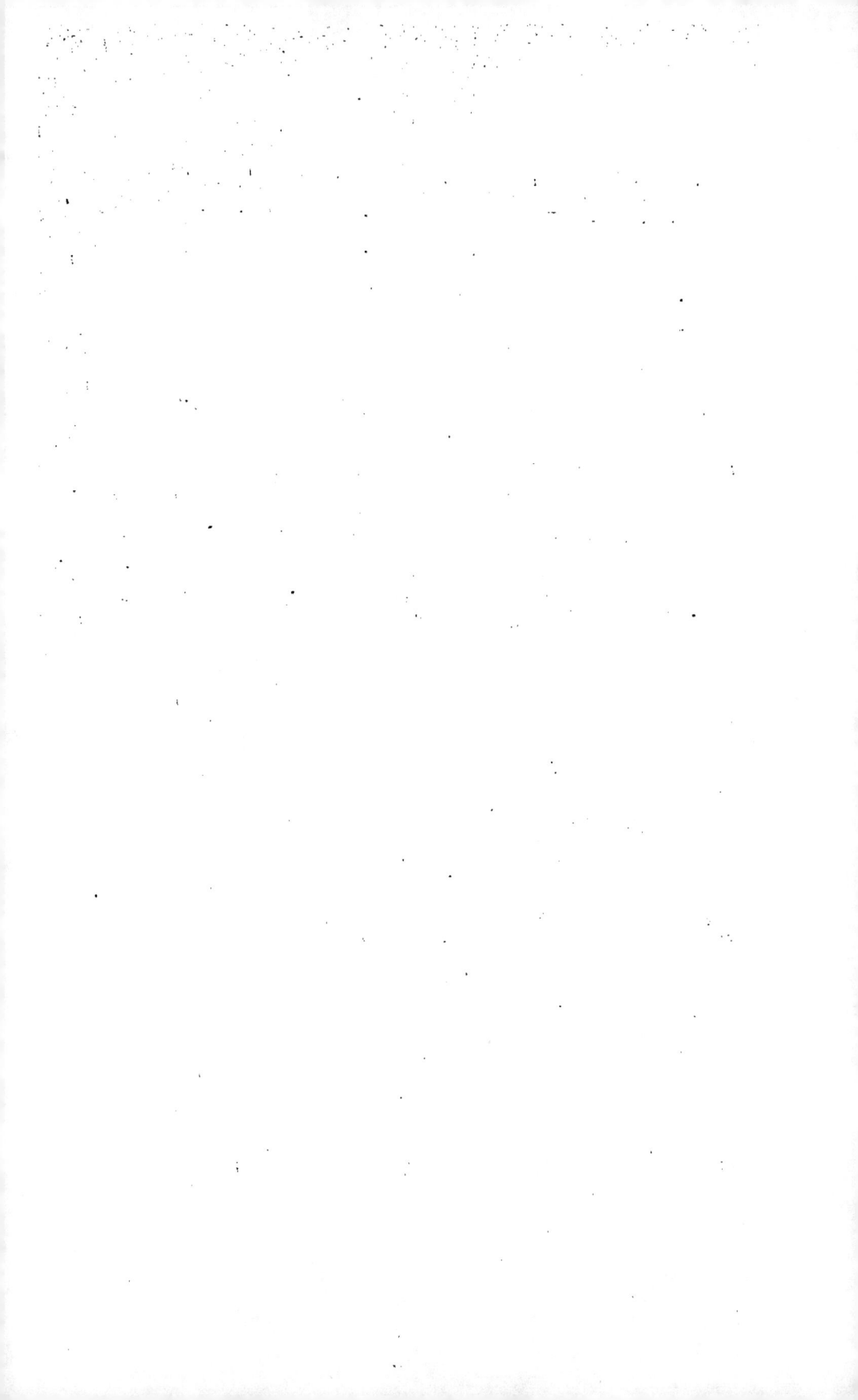

Les frissons de l'infini invi-
tent à aimer, à connaître et à
servir, ils tranquillisent sur
les mystères de l'au-delà.

C. DE BODISCO.

PRÉFACE

PRÉFACE

A première impression qui se dégage de la lecture d'un ouvrage consacré à l'étude de l'*Inconnu,* sous l'une quelconque de ses formes, est une impression de doute souvent accompagnée de raillerie.

Il est entendu que le chercheur doit consacrer ses veilles à la solution des problèmes encore non résolus, et cependant quels déboires se réserve le malheureux qui prétend à lever un coin du voile de la mystérieuse Isis !

Une science, éminente par ses résultats pratiques, mais erronée dans ses conclusions philosophiques, se targuait d'avoir imposé des bornes aux nobles aspirations vers l'Idéal. L'âme, l'immortalité, constituèrent, sous le nom d'*Inconnaissable*. un domaine fermé aux recherches scientifiques. On pensait connaître, au moins dans leur généralité, toutes les forces en action dans la Nature ; mais *les faits* dont la logique brutale devenait la seule règle librement acceptée, étaient muets, croyait-on, sur l'existence possible d'un monde invisible et peuplé d'intelligences qui nous entourerait de toutes parts.

Les faits se sont chargés de la réfutation d'une telle idée et c'est sur *les faits* que se base aujourd'hui le Spiritisme scientifique dont la réaction contre le Matérialisme s'affirme de jour en jour plus puissante.

Mais les observateurs éminents qui peuplent nos laboratoires, nos facultés et nos académies, dominés par cette affirmation *a priori* de « l'Inconnaissable » se sont détachés volontairement des explorations dans ce domaine des forces de la Nature et de l'Homme encore inconnues.

Il a donc fallu qu'une foule de chercheurs indépendants entreprissent, sous leur responsabilité, ces curieuses recherches. De là, des procédés d'observation plus ou moins scientifiques, des études hâtives ou inspirées uniquement par le désir de

prouver la vérité d'une « théorie » plus ou moins
ingénieuse, enfin un véritable cahos d'où se dégage
cependant un profond enseignement : l'identité et
la réalité de milliers de faits observés un peu partout dans le monde par des observateurs appartenant
à toutes les conditions intellectuelles possibles.

.·.

Pour bien comprendre l'éminent travail de M. de
Bodisco il nous faut donc passer rapidement en
revue :

  1° Le caractère des phénomènes observés ;

  2° Le caractère plus ou moins rigoureux des
observations faites ;

  3° Les déductions tirées de ces observations.

Alors seulement nous pourrons vraiment nous
demander s'il existe des bases solides, tirées de l'observation, permettant d'affirmer l'existence et la
possibilité d'un spiritualisme strictement scientifique.

.·.

Les érudits savent fort bien que les récits concer-
nant les relations entre les vivants et les morts se

retrouvent dans toute l'histoire. La Bible nous montre l'aventure de Saül; Homère nous décrit les rites de l'évocation de l'ombre du devin Tyrésias, et les oracles tirés d'objets en mouvement sont parfaitement décrits dans l'antiquité.

Si l'on veut bien remarquer que ce qu'on appelle aujourd'hui esprit s'appelait alors « ombre » et que la communication s'appelait alors « l'oracle », on se rendra compte que ces phénomènes ont existé de toute antiquité.

Mais voilà, la science matérialiste, incapable de les expliquer, en avait rejeté l'existence dans le monde de la fable jusqu'au moment où certains se sont mis en tête d'éclaircir une bonne fois tout le mystère.

On suppose généralement que les faits produits par ce que William Crookes appelle « la Force psychique », consistent uniquement en mouvements de tables, ou de chaises, ou de chapeaux produits par une force intelligente.

Ce sont là les phénomènes les plus vulgaires. A côté de ceux-là il y a des phénomènes qui se rapprochent bien plus des faits observés par les hypnotiseurs, comme le changement de la personnalité d'un être endormi, sous une influence psychique

étrangère. Il y a de plus des faits qui semblent contredire les lois élémentaires de la Physique, comme
l'apparition de fleurs ou d'objets dont on peut
déterminer l'origine, dans une chambre fermée où
toutes les précautions contre la supercherie ont été
prises, comme l'apparition d'écriture en une langue
inconnue des assistants, écriture se produisant d'elle-
même sans l'assistance d'aucune main humaine
visible. Il y a enfin des faits encore plus étranges,
comme l'apparition d'êtres ayant toutes les apparences de la vie, respirant, mangeant, causant, puis
se fondant en quelques secondes devant un certain
nombre de personnes qui toutes voient en même
temps les phénomènes.

*
* *

Devant tous ces récits, le premier mouvement
est de se récrier et de dire : « Tout cela c'est de la
folie, de l'hallucination. Soignez énergiquement les
« assistants » et vous verrez qu'il s'agit là de
choses *impossibles.*

Le mot « impossible » n'est pas français a dit un
un savant éminent, disons simplement qu'il n'est
pas *scientifique.*

Si l'on avait dit à un savant du XVIII° siècle qu'un homme avait trouvé le moyen de faire entendre la parole humaine à 300 kilomètres, qu'un autre avait trouvé le procédé permettant d'enfermer cette parole humaine dans un rouleau de cire et de la transporter dans une boîte, le savant du XVIII° siècle se fût récrié : « Vous êtes fou, cela est *impossible.* »

Il en est de même pour ce genre de phénomènes.

Il s'est pourtant trouvé des savants qui ont tenu le raisonnement suivant : Une foule d'individus prétendent avoir vu ces faits étranges : la seule objection qu'on peut leur faire est d'avoir vu des choses qui n'existent pas objectivement, d'avoir été hallucinés.

Au lieu de nier comme des enfants ce que nous ne comprenons pas, étudions-le. Évitons l'erreur en remplaçant les organes de l'homme par des machines. Il n'y aura plus ainsi de tromperie possible. Si les phénomènes sont faux, les machines ne reproduiront rien, s'ils sont seulement partiellement vrais les machines rectifieront les erreurs des sens.

On remplaça les yeux par des appareils photographiques, les mains par des appareils enregistreurs à mouvement d'horlogerie (appareils de Marey),

on fit en sorte de laisser des traces visibles des
phénomènes produits, traces autrement probantes
que celles laissées dans la mémoire de l'homme.

Et les savants qui firent ces études se gardèrent
bien de chercher à défendre une théorie quelconque.

Leur seul but fut de rechercher la réalité des faits
produits, sans adopter aucune espèce de théorie.

C'est là la seule conduite permise à un savant.
Sortir de cette réserve c'est faire œuvre non plus
de chercheur, mais bien de sectaire.

Avant de poursuivre, il me faut donc résumer
quelques expériences sérieusement faites ; je pren-
drai comme modèles deux observateurs : *William
Crookes*, de la Société royale de Londres, *Aksakoff*,
professeur à Saint-Pétersbourg, me contentant de
citer en passant, *Lombroso*, professeur italien.

*
* *

William Crookes a fait plusieurs découvertes de
la plus grande importance, entre autres *le radiomètre*.
Amené à s'occuper sans parti pris et sans idée pré-
conçue de ces phénomènes, il prit les plus grandes
précautions possibles contre l'erreur.

Ayant constaté que la plupart de ces faits étranges ne peuvent se produire que par la présence d'un être généralement très nerveux, appelé *médium*, le savant anglais pesa avec la plus grande précision possible le médium avant et après la séance.

Il put ainsi se rendre compte que ce médium perdait du poids (en petite quantité c'est vrai, mais enfin il en perdait), à la suite de la production de certains de ces phénomènes. Il y avait aussi une perte notable des forces du médium.

Crookes conclut de cette série d'expériences à l'existence d'une force encore peu connue, force dont le médium était un des facteurs. Elle reçut le nom de *Force psychique*.

Pour s'assurer de l'objectivité de cette force, le savant anglais fit enregistrer une grande partie des phénomènes par un curseur appliqué sur un cylindre de noir de fumée (appareil Marey). L'hallucination possible du sens du toucher était ainsi rendue impossible.

Mais bientôt un autre genre de faits, absolument stupéfiants, prit naissance. Une forme ayant toutes les apparences d'un être vivant s'objectivait dans certaines conditions.

L'étude de ce phénomène, nommé *Matérialisation*
par les spirites, put être faite pendant deux années
de suite, trois fois par semaine, dans le laboratoire
particulier de William Crookes. Tous les moyens
possibles de contrôle furent employés pour éviter la
fraude et l'hallucination : balances, enregistreurs,
nombre des assistants et surtout *appareils photographiques*. L'espace, malheureusement mesuré, dont
je dispose, m'oblige à renvoyer le lecteur à l'ouvrage
original pour tous les détails. (1)

La conclusion à tirer de ces expériences, c'est
qu'il y a tout un ordre de phénomènes échappant
aux lois actuellement connues de la science. Vouloir
pousser plus loin ces conclusions, c'est préjuger d'un
résultat théorique encore très obscur.

Les travaux d'Aksakoff portent, si j'ai bonne mémoire, sur un tout autre genre de contrôle. Etant
donné la possibilité qu'ont ces formes matérialisées
de prendre corps et de s'évanouir instantanément,
le savant russe procéda ainsi.

Il prépara un bain de *paraffine* maintenu à l'état
liquide pendant la séance d'études. Quand le médium

(1) William Crookes, *Force psychique.*

3

fut endormi et que les premières formes matérialisées se manifestèrent, on pria le principe intelligent
qui donnait naissance à ces phénomènes de faire en
sorte de plonger une des mains matérialisées dans
le bain de paraffine, en ayant bien soin de laisser les
doigts écartés. Ce qui fut fait.

Ensuite la main matérialisée ainsi entourée de
paraffine fut incitée à se plonger dans un bain d'eau
froide. La paraffine prit de suite une consistance
solide et la main ne pouvait sortir d'un tel moule
que par deux moyens :

1° Soit en le brisant ;

2° Soit en fondant sur place.

Ce dernier moyen fut employé par la matérialisation et Aksakoff obtint ainsi une série de moules
très curieux, moules de mains, de pieds, de têtes
même, dans lesquels l'orifice de sortie était beaucoup
plus petit que l'objet moulé en creux.

Plusieurs spécialistes, appelés à se prononcer sur
ces productions, déclarent la confection de ces
moules impossibles par les procédés ordinaires.

Voilà donc le type des expériences scientifiques
faites sur cette mystérieuse force psychique. Nous ne
parlerons pas des faits observés par des expérimen-

tateurs peu instruits, ou produits en vue d'une théorie préétablie. Ce que nous voulions bien faire comprendre, c'est que des savants de grand mérite se
sont occupés de cette question et qu'on peut aujour-
d'hui étudier ces phénomènes sans être un dangereux
aliéné ou un triste sectaire ; bien plus, le public
impartial attend avec impatience que des hommes
sérieux et éminents s'occupent de ces questions et
lui fassent part de leurs observations.

Tel est le cas de M. de Bodisco.

.·.

Nous avons eu l'occasion de voir M. de Bodisco à
Paris et de parler ensemble de ces études. Depuis
de longues années déjà, M. de Bodisco s'occupait de
ces questions et nous avons pu remarquer ses qualités d'observateur impartial et sa grande prudence
dans la conduite des expériences.

Fort instruit, travailleur, et d'une intelligence
remarquable, M. de Bodisco a fait partie dès sa jeunesse de cet admirable corps diplomatique de l'Empire de Russie. Son père, ambassadeur russe près la
République des États-Unis, épousa là-bas une des
plus jolies femmes de l'Amérique. L'histoire de ce ma-

riage d'inclination est tout un roman par elle-même. Vous dire comment le ministre remarqua dans une cérémonie qu'il présidait la future compagne de sa vie, parmi les pensionnaires du plus aristocratique des couvents de la République, comment la jeune fille accueillit la demande de M. de Bodisco père, ce serait outrepasser notre devoir de préfacier.

L'enfant qui naquit de cette admirable union fit une partie de ses études en Amérique, devint secrétaire d'ambassade aux États-Unis; puis commissaire du gouvernement Russe à l'Exposition de Philadelphie (1876) et, pour continuer les traditions paternelles, fit aussi un mariage d'inclination en Amérique, avec une « professional beauty ».

De retour en Russie, M. de Bodisco fils fut nommé chambellan de Sa Majesté l'Empereur et reçut plusieurs missions de confiance, notamment lors de l'affaire Skobeleff.

L'homme à qui des postes aussi délicats sont confiés doit présenter toutes les garanties intellectuelles possibles, et ce n'est pas sans un sourire que nous avons remarqué l'excès de scrupules qui a poussé M. de Bodisco a joindre à ses études un certificat médical. Les temps sont heureusement passés où

ceux qui s'occupaient de ces recherches étaient
regardés comme des hallucinés et des fous.

* *
*

Voilà donc un observateur de plus venant appor-
ter sa part de recherches aux travaux faits sur cette
question par une foule d'hommes éminents, respec-
tés par leur nom ou pour leur science.

Quelles conclusions peut-on tirer de ces observations ?

Ici la plus grande prudence s'impose. Plusieurs
écoles prétendent posséder la théorie intégrale de
ces phénomènes. Nous n'avons pas ici le loisir de
trancher le différend qui sépare les deux principales
de ces écoles : l'Occultisme et le Spiritisme. La plus
grande impartialité s'impose pour nous en cette
occurrence. Ce que nous constatons avec joie, c'est
que toutes les écoles sont d'accord pour constater
que l'enseignement qui se dégage de ces faits encore
mystérieux est profondément consolateur.

Quoique la science n'ait pas à voir si ces conclusions sont « sentimentales » ou non, il est heureux de
voir détruire ces doctrines du matérialisme néantiste
par la logique impitoyable du fait. Il est beau de voir

que la morale prend de nouvelles forces en s'appuyant sur le spiritualisme devenu scientifique et que la question du libre arbitre et de l'immortalité de l'âme est résolue par le phénomène spiritualiste.

Cette conquête est assez précieuse pour que nous ayons une profonde reconnaissance à M. de Bodisco qui vient appeler l'attention du public sur des expériences curieuses et longuement méditées. En publiant ses notes, en contribuant à déchirer le voile affreux de doute qui pèse sur l'avenir de l'âme, il a grandement mérité de l'Humanité !

PAPUS,

Directeur de l'Initiation,
Président du Groupe d'Études ésotériques,
Officier d'Académie.

INTRODUCTION

INTRODUCTION

S I la lecture de cet humble essai vous laisse, lecteurs, l'impression qu'il n'est pas conforme aux sciences officielles et encore moins à l'esprit de l'Évangile, approfondissez-le et digérez-en le vrai sens; car vous trouverez alors que sa portée vous aura échappé.

Vous arriverez bientôt à vous convaincre que mes expériences pratiques invitent l'homme à ne plus se tenir dans le cadre de ces sciences, qui le poussent à s'occuper uniquement du bien-être de son *moi* physique, au détriment de son *soi* éternel, en lui montrant,

4

par les lumières transcendantales du spiritisme, pourquoi les miracles de l'Évangile, sublimes dans leur simplicité, peuvent être ac-
ceptés sans pousser le matérialiste au *credo
quia absurdum*, et subir le jugement des sciences
expérimentales, sans porter ombrage à leur
caractère divin.

RÉSUMÉ

DE MES EXPÉRIENCES PERSONNELLES

SPIRITISME EXPÉRIMENTAL

RÉSUMÉ

DE MES EXPÉRIENCES PERSONNELLES

Sans participation de Médiums de profession

En admettant la réalité des faits divulgués dans les séances démonstratives spiritualistes, cette réalité devient par cela même la preuve évidente et indiscutable de la continuation de notre existence *personnelle* après la mort.

Convaincu de l'importance de ces démonstrations, je me suis entouré, dans mes recherches psychiques, de toutes les précautions possibles, afin de pouvoir non seulement obtenir la répétition des mêmes faits à des séances composées de personnes complètement étrangères à celles des séances précédentes, mais aussi de parvenir à la confirmation de leur existence dans les milieux les plus divers, et afin de pouvoir confier à ce petit résumé, que ces phénomènes n'ont pu, après examen approfondi et entrepris sans parti pris, laisser dans mon esprit aucun doute de leur évidente réalité.

Malgré le pressentiment que la publication des faits, que je suis arrivé à produire et à constater, serait capable de donner prétexte à me faire passer pour ce que je ne suis pas, vu que les expériences qui ont pour but ces évocations ne pourraient être faites *ad libitum* à cause de l'extrême subtilité de la matière qu'il faut obtenir pour pouvoir produire leur réalisation et les conditions psychiques dans lesquelles il faut parvenir à se placer soi-même, je me suis décidé néanmoins, après trois ans d'hésitations, à publier le résumé de mes recherches dans les études pratiques des sciences occultes ; j'ai la certitude que toute personne, étant à même de vaincre sa superstition religieuse, et de supporter l'ironie et le dédain du monde scientifique, pour se livrer à l'étude expérimentale des forces latentes de son éter-

nel *soi*, obtiendra des résultats bien plus palpi-
tants d'intérêt que les miens, et cette raison m'a
aidé à surmonter mes hésitations.

J'ai l'espoir que mes assertions, confirmées
par des preuves matérielles, obtenues dans mes
expériences pratiques, ainsi que ma bonne foi,
seront crues, et que cette croyance pourra
inviter à la méditation, et devenir par cela
une source de consolations, et même d'un intérêt matériel, en faisant naître dans l'esprit
de beaucoup de personnes de la classe instruite
le désir d'échanger les passe-temps habituels
et souvent futiles de leurs soirées contre des
occupations utiles et agréables dans le but
d'obtenir de nouvelles connaissances sur les
vraies propriétés de ce corps subtil, connu sous
le nom de *corps astral*, qui est, je puis l'affirmer
d'après toutes les données que j'ai pu obtenir,
comme résultat de plusieurs années de recherches psychiques, le seul lien physique qui
réunisse le monde visible au monde invisible,
et qui rende entre ces deux mondes des communications intelligentes absolument possibles.

Dans la conviction que chaque étude, rendue
populaire, sur les propriétés de ce corps sera

pour l'humanité d'un intérêt incalculable, je
me suis décidé à soumettre au public le résumé
de mes expériences personnelles, en l'accom-
pagnant d'une profession de foi, qu'autrement
je n'aurais voulu communiquer qu'à des initiés,
o u la garder simplement pour le cercle de mes
intimes.

PROFESSION DE FOI

PROFESSION DE FOI

Après plusieurs années de travail et bien des heures passées dans la méditation, je suis arrivé à certains résultats matériels, qu'aujourd'hui je crois nécessaire de soumettre à l'examen de la science.

Le philosophe, n'importe de quelle école, trouvera ample matière à réflexion et peut-être même à la solution de bien des questions.

M'étant muni de toutes les précautions possibles, mon but était de rassembler des faits véridiques, laissant aux autres le soin d'en tirer leurs déductions et leurs conclusions.

Passant les frontières d'un monde inconnu

dont l'Église seule a pu nous révéler offi-
ciellement quelques-uns des mystères, je fus
saisi d'une religieuse vénération devant les
horizons nouveaux qui s'ouvraient à mes sens,
et je fus heureux de sentir grandir en moi la
possibilité d'aider aussi à mettre un frein au
plus grand fléau de notre siècle : le *matérialisme*, et de pouvoir le combattre par ses
propres armes, c'est-à-dire par des faits matériels défiant toute explication humaine.

Ce n'est pas par des hypothèses, par des
suppositions, ni par de vaines paroles, que je
veux ouvrir les yeux à ceux qui ne croient
qu'à la matière et aux lois qui la gouvernent,
mais je veux les convaincre par des faits matériels, venant d'une force intelligente, gisant
non en nous-mêmes, mais appartenant à des
êtres ayant une personnalité, agissant avec la
permission d'autres êtres, dont la hiérarchie
monte jusqu'au Dieu unique, personnel, créa-
teur de l'univers.

Par un récit bien simple, peut-être banal
même, sur des faits de la vie de tous les jours,
dans une langue à la portée de tout le monde,
je touche à des questions bien graves — de la

compétence même des plus hautes autorités
scientifiques — pour les voir se résoudre simplement de soi-même, tout en n'ignorant pas
que je cours le risque d'être pris pour un im-
posteur, un crédule ou un illuminé, halluciné
de l'ouïe, de la vue et du toucher.

Devant une pareille supposition je ne puis
offrir aux incrédules que l'examen des faits que
j'avance, mon serment sur leur authenticité et
enfin consentir à me soumettre à un examen
médical, dans le cas où le certificat que je
publie ci-après ne paraîtrait pas suffisant.

Mes expériences matérielles m'ont conduit
à la conviction que, dans l'application de
l'amour pour son prochain, c'est-à-dire simplement dans la bonté, gît pour l'homme, fils de
Dieu, une force nouvelle, une force matérielle,
bien plus grande que toutes les autres forces
connues dans la nature.

Cette force est la seule qui soit à même de
soulever le rideau qui sépare le monde visible du monde invisible, et c'est bien l'égoïsme,
la peur et l'ignorance, toutes enfantées par
le matérialisme, qui ont temporairement para-
lysé cette force et nous ont éloigné de ce monde

invisible, qui veut nous livrer son secret et qui demande à être étudié pour apparaître à nos yeux afin que la vie terrestre et la vie de l'au-delà ne fassent qu'une, et que l'homme puisse pendant sa vie terrestre obtenir pour l'altruisme les sens nécessaires, inconnus aux humains, de pouvoir décomposer son corps en matière première et le reprendre avec la permission de l'être personnel et suprême afin d'arriver à l'immortalité, sans passer par le mystère de la mort.

G. de BODISCO,

15, place Saint-Michel, Saint-Pétersbourg.

14/26 décembre 1889.

NOTA. — Pour que l'exemple de la mort du Seigneur Jésus-Christ ne puisse être cité contre la réalité d'une pareille affirmation, il est évident que le Seigneur Jésus-Christ, comme Dieu, n'avait pas besoin de passer par les mystères de la naissance et de la mort et qu'uniquement il l'a fait pour se mettre au niveau du peuple hébreu et mieux impressionner l'univers afin que sa glorieuse doctrine, l'amour du prochain, puisse être comprise et mise en action.

CERTIFICAT

CERTIFICAT

Délivré à M. Constantin-Alexandrowitch de Bodisco, chambellan de Sa Majesté l'Empereur, pour constater que l'ayant, sur sa demande, examiné au point de vue médical, je l'ai trouvé jouissant jusqu'à ce jour d'une santé parfaite.

En foi de quoi j'ai apposé ma signature et mon sceau.

15 février 1891.

Signé : Docteur de l'hôpital militaire Nicolas, de Son Altesse Impériale Madame la grande duchesse Marie-Alexandrowna, duchesse d'Edimbourg, M. Bertevson (1).

(1) Désirant offrir aux matérialistes une preuve de plus, que les faits que je constate et les théories que j'ai pu en déduire sont réels et véridiques, j'ai cru utile d'y ajouter un certificat de médecin pour démontrer que les faits et théories sont avancés par une personne jouissant de toutes ses facultés intellectuelles.

Mens sana in corpore sano.

RECUEIL

DE

PREUVES PHYSIQUES

RECUEIL

DE

PREUVES PHYSIQUES

Affronter le ridicule pour faire triompher la vérité, c'est paralyser son dard.

I

Effets physiques

En *pleine lumière.* — Coups intelligents venant du plancher, des tables et des fenêtres. Coups dans le lointain, coups sourds faisant l'effet d'une décharge électrique, suivis d'un apport vivant.

Dans l'obscurité. — Coups forts et intelligents. Soulèvement des quatre pieds de la table ; la table me suit et prend la direction que j'indique. Mouvements distincts d'un crayon, placé

sur la table ; crayons, papiers et objets jetés
par terre et remis sur la table. Frôlements
de morceaux de papier volant autour de la
chambre. Bruits sur le lustre, bobèches instantanément mises à ma demande dans les
mains de chacun des assistants. Apparitions répétées d'une main fluidique parcourant la table
avec une vitesse extrême, causant à son approche une sensation de chaleur. Cette main se
soulève et disparaît en montant graduellement
dans la direction d'un des coins du plafond.

Apparition au mur de mon nom et de phrases
en lettres lumineuses. A ma demande, ces
lettres changent de dimensions et deviennent
tantôt petites, tantôt grandes.

Feux follets imitant les papillons japonais,
points lumineux et auréoles paraissant et disparaissant.

Apparition d'une belle croix lumineuse tantôt petite, tantôt grande. Quand cette croix
passe par-dessus la tête, elle produit un sentiment de vénération et de torpeur.

✤✤✤✤✤✤✤✤✤✤✤✤✤✤✤✤✤✤✤✤✤✤✤✤✤✤✤✤

II

Ecritures mécaniques

Écritures obtenues avec ou sans contorsion de la main qui tenait le crayon sous la mienne. Quelquefois ces écritures étaient illisibles; mais, à ma demande de les répéter, l'illisible devenait parfaitement lisible.

Le contenu de ces écrits était des plus variés et inattendus.

Souvent ces communications avaient un fond de haute philosophie, sous une forme gaie, joyeuse et légère.

Les réponses à mes propres questions me donnaient la parfaite conviction qu'elles ne pouvaient être le résultat de ma suggestion, ni connues de la personne qui tenait le crayon.

A des questions mentales faites par d'autres personnes, j'obtenais des réponses directes.

Choses matérielles prédites, sans même y avoir pensé ou les avoir demandées, et absolument arrivées dans l'espace du temps assigné.

Confirmation de la doctrine spirite de l'incarnation.

Communications sur la civilisation assyrienne qui, bien que hétérogène à la nôtre, n'en était pas moins aussi avancée. Vu le *manque de lucidité*, l'esprit m'informa qu'il ne pouvait m'instruire que sur des faits qui ne dépassaient pas le règne de Nabuchodonosor (1).

Confirmation que tout sentiment, que toute pensée se matérialise et possède un corps, et que chaque action ou fait se reflète dans l'espace.

(1) Avantage pratique. L'historien initié aux mystères du spiritisme peut puiser aux sources mêmes les matériaux pour écrire l'histoire.

Souvent les esprits m'ont communiqué que
les prières des mortels leur sont d'une grande
utilité, et que le chagrin causé par leur mort
les trouble, étant une preuve d'égoïsme et de
manque de foi des vivants dans la réalité de la
vie future et du bonheur qu'elle nous réserve (1).

Souvent j'ai pu obtenir dans des conditions
exceptionnelles des preuves indiscutables que
nous sommes entourés d'un monde d'intelli-

(1) La grande subtilité de la force médianimique peut être
vérifiée lors d'une expérience d'écritures mécaniques pendant
les transes du sommeil magnétique ou même pendant une
expérience bien curieuse, celle de la clairvoyance dans un
verre d'eau. Il suffit qu'une personne ayant une force médianimique peu développée s'approche de la table où se fait l'expérience d'écritures mécaniques pour qu'immédiatement ces dernières tendent à se produire plus difficilement et même cesser
complètement pour recommencer aussitôt que la personne
s'éloigne. Cette expérience peut être facilement vérifiée à la
lumière.

De même mes expériences pratiques m'ont démontré que le
fluide d'une personne étrangère à la séance, s'approchant seulement de la porte de la chambre où le médium se trouve endormi, peut produire dans son corps des convulsions spasmo-
diques et arrêter l'esprit de prendre possession complète de ce
corps, pour se manifester par la voix du médium. Le médium
devient alors clairvoyant, par suite de l'occupation de son
corps par un être supérieur à l'homme. Si alors rien ne vient
empêcher l'expérience, on a le bonheur d'assister à un des
plus grands mystères de la création, « la matérialisation complète de l'esprit à côté du corps endormi du médium ».

7

gences invisibles, qui s'intéressent à nos
affaires, d'un monde qui demande à se révéler,
et qui peut communiquer avec les personnes
médianimiques par divers moyens, mais avec
les personnes n'ayant pas encore développé
cette force seulement par la voix de la conscience pour les pousser tous au bien, ou à des
actes d'égoïsme, selon l'existence que ces
esprits ont menée pendant leur vie terrestre,
ou selon notre propre conduite, qui nous place
dans la sphère de leurs influences, bonnes ou
mauvaises.

La mort, ayant réduit en matière première
leurs corps physiques, n'a pas déraciné de leurs
âmes leurs ambitions terrestres, par exemple
l'*anxiété* qu'ils éprouvent encore même dans
l'autre monde pour leurs proches d'ici-bas ;
ils trouvent leur enfer, et ils y restent jusqu'à
ce que leurs âmes assombries deviennent
épurées par un rayon de clarté, qui les pousse
à des confessions. Ces confessions sont des
plus étranges, souvent accompagnées de noms,
de lieux, de dates et de faits faciles à vérifier.

Un jour un esprit me communiqua qu'à cause
de son ambition « monumentale », il se trou-

vait dans une sphère très inférieure, et me
demanda de lui rendre certain service. « Oui,
mon ambition monumentale m'a perdu. Je n'ai
pas le bonheur de le voir, car il se trouve dans
une sphère élevée. Ne me demandez pas son
nom. Vous le savez, car, pour pouvoir mieux
l'enfoncer, c'est moi qui ai tout fait pour que
ce mariage eût lieu ; enfin, espérant ensuite, —
aberration mentale — occuper sa place. Cette
confession est un poids de moins et me sou-
lage. »

Une autre fois, voulant obtenir un conseil
afin de soulager les souffrances d'un ami ma-
lade, l'esprit me répondit : « Il est tout prêt
pour accepter l'éternité. Pourquoi l'en empêcher ? »

Trois semaines plus tard, mon ami n'était
plus de ce monde.

� decorative border✿

III

Écritures au moyen de coups frappés

A la lumière. — Exemples : « J'ai profité d'un moment de loisir pour voir d'autres pla-nètes ; les splendeurs de ces mondes sont iné-narrables, rien n'est comparable au bonheur de parcourir librement ces espaces immenses et de s'imprégner visiblement de la présence de Dieu. »

« Toutes ces méfiances me troublent et m'ir-ritent. Vous voudriez savoir des choses inté-ressantes ; je désirerais bien vous en dire, mais les plus intéressantes sont intraduisibles, les mots manquent. »

« L'espoir du Spiritisme est dans l'avenir. Par la prière et la persévérance vous arriverez à

dévoiler enfin le mystère qui l'entoure. Le spiritisme nous console dans la séparation de
ceux dont nous chérissons la mémoire (1). »

« Les voies de la Providence sont inson-
dables, cher enfant. »

(1) Cette communication m'a été transmise en 1889 par une
personne aimée et estimée dans la haute société de Sain t-
Pétersbourg pour ses œuvres de charité, ayant laissé, par testament, vingt mille roubles aux établissements de bienfaisance
de Penza.

✠✠✠✠✠✠✠✠✠✠✠✠✠✠✠✠✠✠✠✠✠✠✠✠

IV

Écritures directes

Dans l'obscurité. — Au moins une vingtaine de fois j'ai assisté aux phénomènes suivants : sans l'aide d'une main humaine, sans exercer la moindre volonté, le crayon de soi-même se lève pour écrire des communications en slave, russe, vieux français et anglais. Écritures rouges, bleues et noires sans que des crayons rouges ou bleus soient dans la chambre.

Exemples en langue slave :

SÉANCE DU 3 JANVIER 1889

I ⰏатерїаⰎзйⰮ тⱃⰼⰴⰐⱁ-ⱄⰐⰞ ⱀⰵ ⱀⰎⰯⰮⱏ ⰴⱀⱄⱐ- Ⰲⱏ ⱄⱀⰯ ⰴⱀⰯ

ⰳⱃⰯⰴⱍⰮⰞⱁⰵ Ɓⰴⱀⱄⰽⱁⱆ ⰮⱁⱆⰆⱁ ⰆⱅⰵⰂⱐⱏ- ⰒⱃⰯⰸⰶⰂⰀ ⰂⱄⰀ ⱄⱍⱁⰞⰵ ⱅⰳⰯ Ⰶ

ⱄⱅⱁⰎⱏ ⱀⰵⱁⱏⱏⰞⱍⰯⰯⱈ Ⰶ ⰂⰮⱏ ⱀⱁⰮⱁⰸⰵ

Ⰴⰱⱃⰵ Ⰳ. Ꙍ ⰮⰎⰯⰴⱍⱄⱅⱀ

ⱀⰮⰵⱀⰯⰮⱔ ⰃⱃⰮⱄⰎⰂⰯⱀ

DCCC ⰎⱏⱅⰯ Ꙍ ⱄⰵⰳⱁ.

« La matérialisation m'est difficile. Je n'ai pas de forces aujourd'hui. Aux jours prochains, Bodisco peut être chez toi. Invite toutes les personnes ici à la table sans vous promettre, mais peut-être.

« Bon Génie,
« s'appelant pendant sa jeunesse Goroslavn.
« D. C. C. C. ans d'aujourd'hui. »

SÉANCE DU 25 FÉVRIER 1889

И Матѐріализацїа оужбоу не бысть моѵзке азъ бъ прѣшдшимъ еси глаголилъ ıако прдо хомъ но бысть не може. Такоу оужбо бжде во всіи дни градѫщіе. Подико не имамъ и не бжджж нать дзвдленіе. Не хче и не рекмъ по клико- но прведж Дха вcоуıе инаго.

Дбре Г. Грславиз

ее жзре ожбоу Хахж- не Бысть також де днесь. (1)

« La matérialisation ne peut avoir lieu. Dans le passé, quand je disais que je le pourrais, je venais ; mais, aujourd'hui, je ne puis apparaître. Il sera de même pour tous les jours suivants parce que je n'ai pas et que je

(1) Ces caractères, ainsi que ceux de la page précédente, ont été prêtés par l'Imprimerie Nationale.

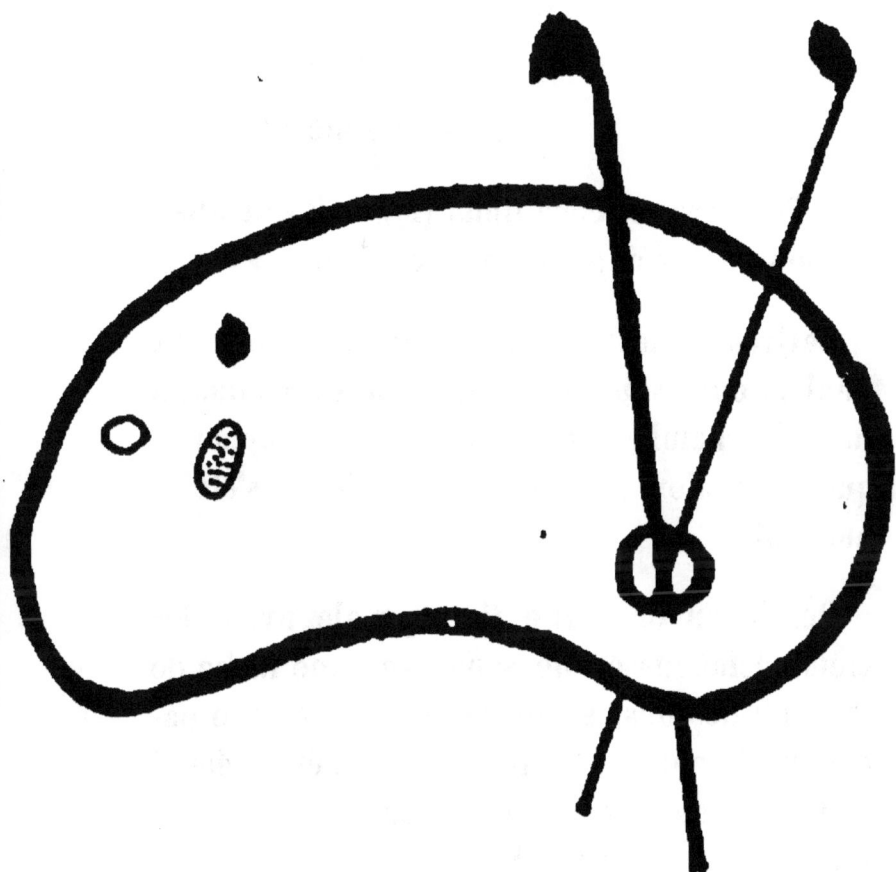

ORIGINAL EN COULEUR
NF Z 43-120-8

n'en aurais pas la permission (1), mais en attendant ne m'appelle plus et ne m'invoque pas. Je transporterai mon esprit dans un autre corps.

« Bon Génie GOROSLAVN.

« Tu verras encore Haha (2), mais elle aussi ne pourra pas apparaître aujourd'hui. »

Lettres brûlées au milieu d'une feuille de papier; odeur du papier brûlé (3) se répandant dans la chambre, mais la flamme n'apparaît que lorsqu'on allume une bougie, et s'éteint aussitôt.

Dessin en or d'une tiare papale avec des clefs, éclaboussée de sang avec une tache de sang au-dessous, signé de la lettre A et le papier brûlé autour. Tout ce dessin a été exécuté instantanément sur un papier que je tenais sous la main, marqué d'avance d'un signe que seul je connaissais. Trois coups sont frappés; je retourne le papier et je trouve en dessous,

(1) Conception d'une hiérarchie.
(2) *Haha*, diminutif de *Minnehaha* (Eaux riantes), héroïne du poème de Longfellow, *Hiawatha*.
(3) Confirmation d'anciennes écritures occultes, que certains esprits marquent toujours leur passage par le feu.

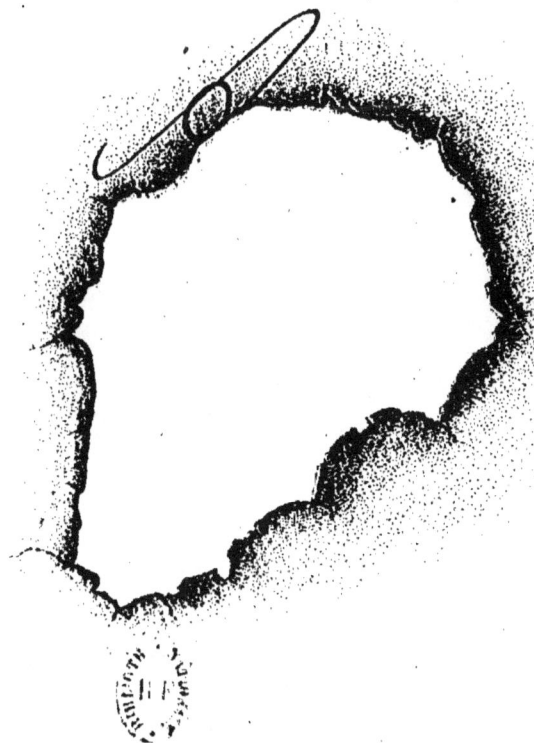

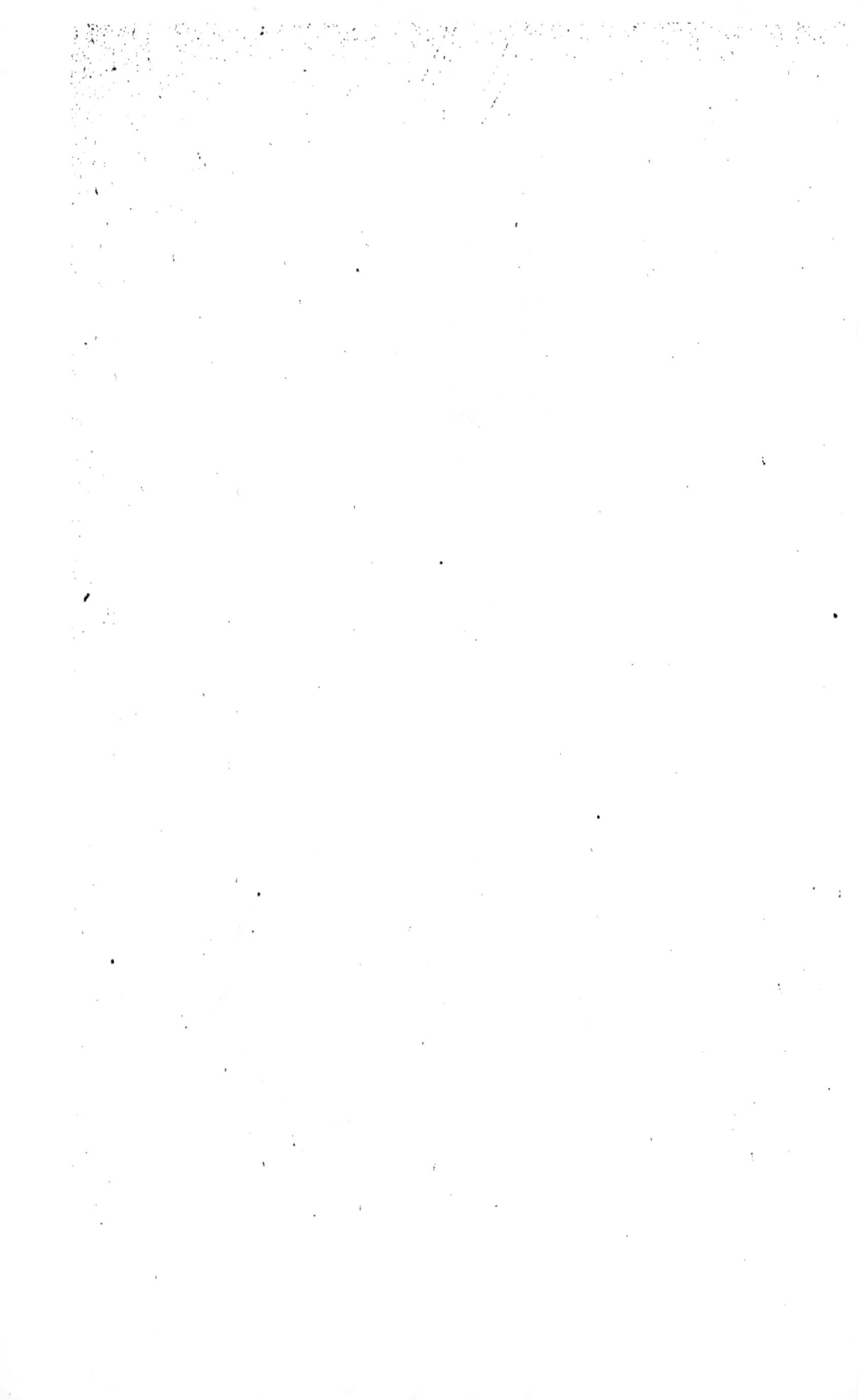

en vieux français, la réponse à la question
que je venais de faire, ainsi conçue : .

Vous voulois savoir mon nom ?
Voici mon emblème..

« Vous voulez savoir mon nom ?
« Voici mon emblème ! (1) »

Paysage d'un château au crayon bleu.

Portrait au crayon bleu du propriétaire,
signé « Édouard à la plume bleue (2). » Édouard
était un chevalier du temps de Georges d'An-
gleterre. Portrait de sa femme avec l'inscription : « Ma femme assassinée cent ans de cela,
le 5/17 décembre, à onze heures et demie du
soir. » Portrait et nom de l'assassin de sa
femme. Édouard me communiqua qu'il serait
privé pour deux cents ans de la lumière,
d'après notre calcul du temps, pour avoir
assassiné l'assassin de sa femme.

Je demande à l'esprit comment soulager un
membre de ma famille souffrant des oreilles.

(1) Reproduction ci-contre.
(2) Voir le portrait d'*Édouard à la plume bleue* page 43.

8

Le crayon se lève de lui-même pour tracer la phrase suivante :

« Docteur Nicholson, 10, rue Drouot, Paris. »

Pour vérifier cette communication, le soir même j'écrivis à l'adresse indiquée au docteur Nicholson, sans avoir jamais entendu ce nom. Par la réponse du docteur, j'appris qu'il traitait les maladies d'oreilles, et qu'il demeurait effectivement dans la rue Drouot.

Plus d'une fois, sans résultat, je suppliai un esprit de m'indiquer comment faire pour rendre la vue à un ami aveugle depuis huit ans. J'obtins enfin la réponse suivante, écrite de la main de l'esprit :

« C'est impossible, ne demande jamais ce qui n'est possible que pour Lui. »

A différentes séances, j'ai obtenu les phrases suivantes tracées de la main de l'esprit :

« Nabuchodonosor se tenait près de toi, dommage que tu n'as pas su profiter de sa haute science. »

« Zoroastre te protège. »

« Pendant tes rêves de nuit, pendant tes

ÉDOUARD A LA PLUME BLEUE.

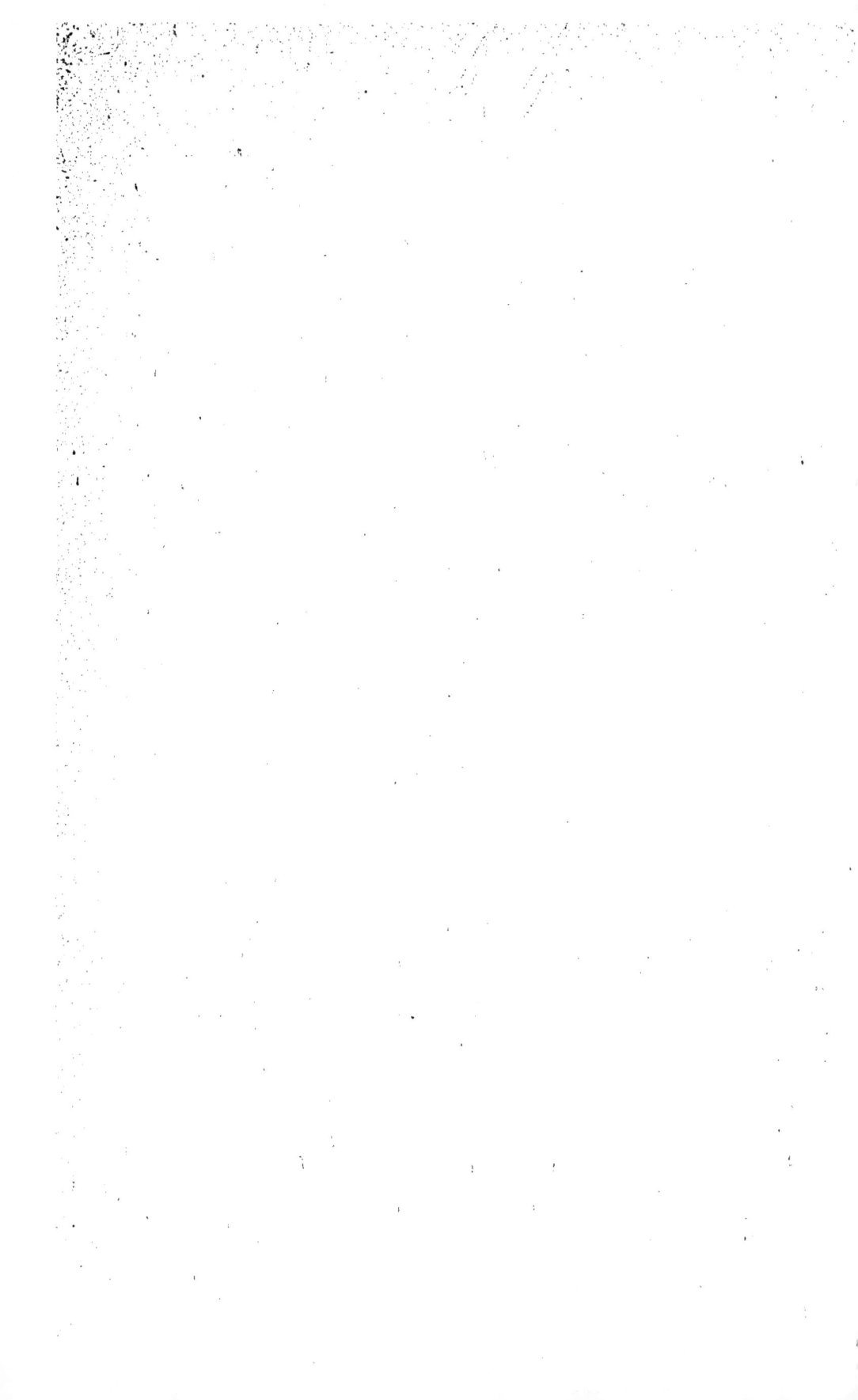

visions du jour, l'espérance, ton compagnon de route, te conduit.

« Foi, patience et courage, tu parviendras.

« *Si Deus nobiscum, quis contra nos ?* »

A la troisième fois que je me suis adressé à l'esprit, pour savoir quelle est la base de toute chose humaine, la réponse apparaît de soi-même dans ma main en langue slave.

Je déclare que les écritures directes du 18 octobre 1888, ainsi conçues :

« Bodisco aura grande manifestation.

« Bodisco aura vision prochaine séance », dont les originaux se trouvent dans mon album de spiritisme et obédaïsme, m'annonçant grande manifestation et visions, se sont réalisées le 28 novembre 1888, dans des conditions où le doute le plus invétéré ne serait plus possible.

Le 16 janvier 1891, j'ai reçu directement d'un esprit l'inscription hiéroglyphique ci-après, dont l'original se trouve dans mon album.

Je demande à l'esprit ce que signifie cette écriture.

L'esprit traça de sa main :

« Donne une feuille propre, tu sauras tout. »

Je trouve sur le papier, que je venais de marquer, l'écriture suivante :

Egypte, hioglyphes (1).
C'est le triangle d'Osyris, vieille inscription, testament.
La mort d'Arzhtiyzhk
tué à
Czlu, assassiné par son frère.

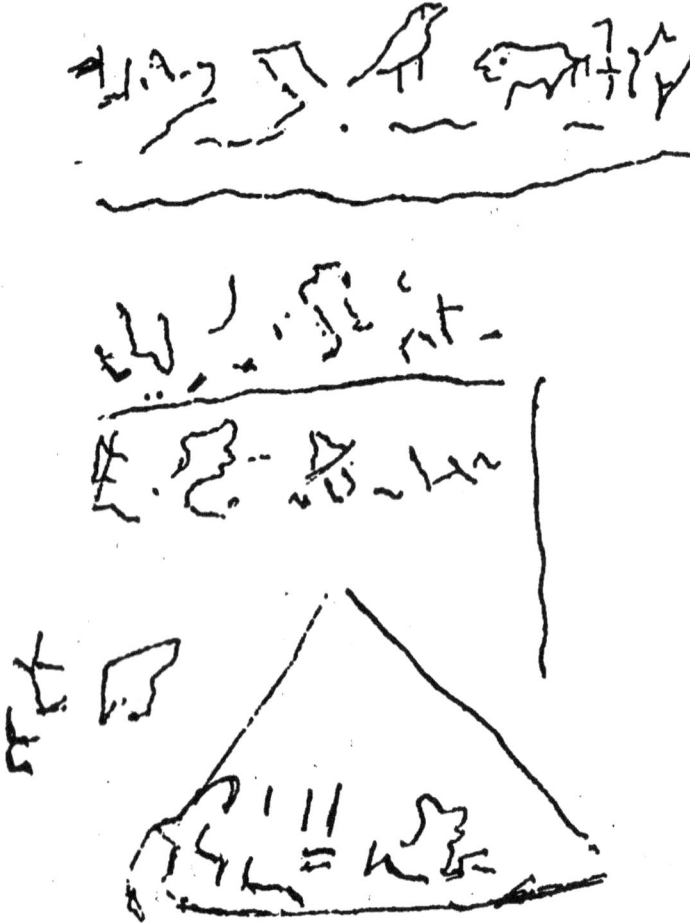

(1) Autographe de l'esprit.

❖❖❖❖❖❖❖❖❖❖❖❖❖❖❖❖❖❖❖❖❖❖❖❖❖

V

Apports

Dans l'obscurité. — Objets dématérialisés par l'esprit, transmis à travers la matière, tels que : murs, fenêtres et portes de la chambre, pour être matérialisés sur la table, et dématérialisés ensuite, tels que : fleurs, objets de toilette, pièces d'argent, bagues, livres, etc.

Pièces d'argent prises de ma poche sans que je l'eusse remarqué, et matérialisées sur la table, mon porte-monnaie étant resté dans ma poche.

Vu la haute importance scientifique de cette expérience, je l'ai fait répéter souvent dans des milieux les plus divers de la société.

Une enveloppe cachetée contenant des écritures directes sur le papier qui s'y trouvait, annonçant qu'une lettre fluidique devait apparaître prochainement sur un monument public, me fut remise en main. La lettre lumineuse apparut en effet, et des milliers de personnes en furent témoins. Cet événement causa tant d'émoi et fut le sujet de tant de conversations dans la ville que je crois de mon devoir d'en faire un récit plus détaillé, et de donner en russe une copie de l'original :

Въ темную безлунную ночь встаньте у зимняго дворца со стороны разводной площадки лицомъ къ Александровской колоннѣ — и увидите га колоннѣ большое освѣщенное.

N ! !

Si je ne me trompe, ce fut la première fois qu'une démonstration, due au spiritisme, se produisit publiquement. Quoi qu'il en soit, sans entrer plus au fond de son origine, je désire faire un récit détaillé de toutes les circonstances qui avaient précédé ce fait curieux, afin de laisser à chacun la possibilité d'en tirer sans parti pris ses propres conclusions.

Douze personnes de la plus haute respectabilité, qui avaient assisté à cette séance spirite du 29 novembre 1889, signèrent un procès-verbal, déclarant n'avoir personnellement rien fait qui aurait pu influencer ou induire en erreur qui que ce soit, sur tout ce qui avait rapport aux démonstrations curieuses dont elles avaient été témoins pendant cette soirée.

Au commencement de la séance, sans l'aide d'une main humaine, le crayon traça, dans le bois d'une des planches de la table, la phrase suivante: « Bodisco sera récompensé ! » Bientôt après, je sentis distinctement qu'une main d'esprit matérialisée mettait dans la mienne une enveloppe cachetée. En la décachetant j'y trouve un papier portant en langue russe l'inscription suivante :

« Par une nuit sombre, sans lune, placez-vous près du palais d'hiver, du côté de la place réservée aux parades, vis-à-vis de la colonne Alexandre, vous verrez sur la colonne un

N LUMINEUX. »

Malgré les plaisanteries et les affirmations qu'une pareille démonstration était non seulement impossible, mais même qu'il était ridicule d'y penser, je persistai dans ma résolution de tout examiner par moi-même, et, le 2 décembre 1889, je me rendis à minuit devant la colonne. Je portai longtemps mes regards de tous côtés, sans cependant remarquer la moindre trace de reflet ou d'apparition de la lettre.

Le 7 décembre, à onze heures du soir, par hasard, accompagné dans mon landau de plusieurs personnes de mes connaissances, je traversai la place Alexandre. Avant d'y arriver, je me sentis pris d'une grande concentration, désirant fermement que le phénomène promis s'accomplît devant témoins. A peine étions-nous arrivés sur la place que je fus stupéfait en voyant enfin une preuve, non pas confinée dans les quatre murs d'une chambre, mais là, au grand air, sur une place publique, sur le granit, et à une hauteur où la main humaine ne pouvait rien préparer d'avance sans la permission des autorités ; c'était enfin une preuve éclatante, prédite par des écritures directes, et qui constatait la possibilité d'un miracle dans un siècle aussi matériel que le nôtre.

Voyant cet N lumineux, je me sentis récom-

pensé des innombrables désagréments que
j'eus à souffrir, et que j'ai encore à supporter
à cause de mes occupations spirites.

Donnant l'ordre d'arrêter l'équipage, je sor-
tis. Une forme vaporeuse et blanchâtre, qui
tenait l'N, s'évanouit à mon approche vers la
colonne. Mon attention ayant été attirée vers
cette forme éthérée par une des personnes
qui faisait partie de la compagnie et qui, par
superstition religieuse, était hostile à mes occupations spirites, m'assura que cette vision
n'était point une hallucination. J'attire aussitôt l'attention du factionnaire des grenadiers
de la garde du palais, et je l'invite à regarder
l'N. Il me déclare alors *qu'il voyait cette lettre
pour la première fois*, quoique, depuis bien des
années, il fît régulièrement son service en cet
endroit. « N'oublie pas d'en faire, demain, un
rapport à ton chef », lui dis-je.

Toutes les personnes qui m'accompagnaient
descendirent de l'équipage pour examiner l'N
de plus près et nous partîmes sans pouvoir
nous expliquer cette apparition comme pro-
venant d'une cause physique.

La même nuit, à deux heures du matin, une

nombreuse société se rendit à mon invitation spéciale en équipages à la place Alexandre, toute disposée à rire de ma soi-disant folie; mais quel fut leur étonnement lorsqu'ils y aperçurent non seulement un N lumineux, mais encore des points lumineux reliant cette lettre à une grande unité, apparaissant de l'autre côté de la colonne et que personne n'avait remarquée à onze heures du soir.

Une explication tendant à prouver la cause de l'apparition fut donnée par un colonel présent et gaiement acceptée par la société. C'était, selon lui, l'esprit de Napoléon Ier venu pour inspecter le monument érigé en l'honneur des victoires russes.

Le factionnaire qui avait relevé de garde son camarade de la soirée voyait aussi cette lettre pour la première fois.

Le lendemain, le 8 décembre, je remis personnellement au colonel chef des grenadiers du palais, et sous la surveillance duquel se trouvaient tous les monuments publics, une petite notification de l'événement de la veille. Mon intention était qu'il y eût, dans les archives, un document relatant ce fait curieux.

Le colonel me dit que c'était la première fois qu'un de ses grenadiers lui eût fait un pareil rapport. « Il y a bien des années que je commande ici, me répliqua le colonel, et jamais cependant je n'ai ni entendu parler ni vu personnellement sur aucun monument soumis à ma surveillance la lettre N. »

Durant trois semaines, cette lettre paraissait tous les soirs, mais sa lumière devenait de plus en plus faible, et enfin elle disparut totalement.

L'émoi causé par cet incident eut pour suite la propagation de toutes sortes d'histoires superstitieuses.

Quelques jours plus tard, je reçus de l'intendant du palais, en réponse à une information que je désirais avoir, une lettre qui m'annonçait qu'il avait donné l'ordre de changer tous les verres des réverbères placés autour de la colonne Alexandre, vu qu'il supposait que la lettre N, cause de tant de bruits si divers, ne pouvait être d'une autre provenance que le produit du reflet d'un petit *i* russe, gravé dans un des verres de la lanterne dans l'inscription de la marque de la raison sociale de la maison commerciale « Siemens et Halsiœ. »

Ainsi fut clos un incident qui avait fait tant
de bruit ; mais son explication, par une cause
purement physique, telle qu'on l'acceptait, ne
pouvait me contenter, par la raison suivante :

Je n'avais aucun motif de mettre en doute
l'honnêteté des personnes qui avaient signé le
procès-verbal de la séance du 29 novembre 1889.
D'après des informations puisées à bonne
source, ces mêmes verres se trouvaient depuis
longtemps dans ces mêmes réverbères, et alors
il devient évident que le 2 décembre, quand je
me rendis à la colonne, *uniquement* dans le but
de voir l'N en question, j'aurais dû indubita-
blement le voir. Il est encore plus étrange et
difficile à expliquer que personne n'eût remarqué cette lettre lumineuse avant le 7 décembre
et que ce ne fut qu'après la séance spirite du
29 novembre que toute la ville alla contem-
pler ce phénomène extraordinaire. Les deux
factionnaires qui étaient de garde, l'un à onze
heures de la nuit et l'autre à deux heures du
matin, ainsi que leur colonel, m'avaient témoi-
gné qu'ils voyaient cet N pour la première fois.
L'N se détachait par sa clarté lumineuse du
reste de la colonne et apparaissait sur le granit

à une hauteur un peu plus élevée que les verres des réverbères ; elle était calligraphiquement faite et d'une dimension au moins quarante fois plus grande que la petite lettre supposée lui donner son reflet. Je ne doute pas que les points et l'unité, qui se trouvaient de l'autre côté de la colonne, trouveront également une explication analogue, afin que la loi occulte se confirme que tout phénomène incompréhensible à la masse sera toujours expliqué pour les non initiés par une simple cause physique.

Aux personnes disposées à penser que tant de persévérance pour éclaircir l'origine de la lettre N mériterait un but plus digne, je réponds qu'ils comprendront un jour, que c'était leur matérialisme qui les empêchait de concevoir toute l'importance d'une recherche entreprise sans parti pris, pour donner à chacun la possibilité d'en tirer ses propres conclusions.

Dessin au crayon, portrait (1) d'un esprit signé de son nom en langue slave avec la notification, écrite dessous, qu'il avait vécu sur la terre

(1) Voir page 57.

il y a huit cents ans. Je reconnus par la res-
semblance du portrait, dont l'original se trouve
dans mon album, que c'était le même esprit
qui s'était matérialisé trois mois avant, pendant une séance à laquelle aucune des personnes présentes n'avait assisté.

Cet esprit, en prenant le nom de Bon Génie,
me communiqua en langue slave par écrit que
la matérialisation lui était pénible (1) et qu'à
l'avenir il n'aura pas la permission de se matérialiser.

A la lumière. — Une demoiselle, possédant
une grande force médianimique passive et
subissant mon influence, indépendamment de
ma volonté demanda un apport vivant. On ser-
vait le thé à une table éclairée de deux can-
délabres à cinq bougies. Au moment où je
demandais un apport, un bruit sourd, venant
de loin, se fait entendre, ressemblant à une
décharge électrique, et un pigeon s'abat avec
bruit à la vitre de la fenêtre. Je l'ouvre, l'oiseau

(1) Confirmation que le passage d'une sphère dans une autre
par la mort ou par la naissance est accompagné de douleurs
physiques.

PORTRAIT DU BON GÉNIE.

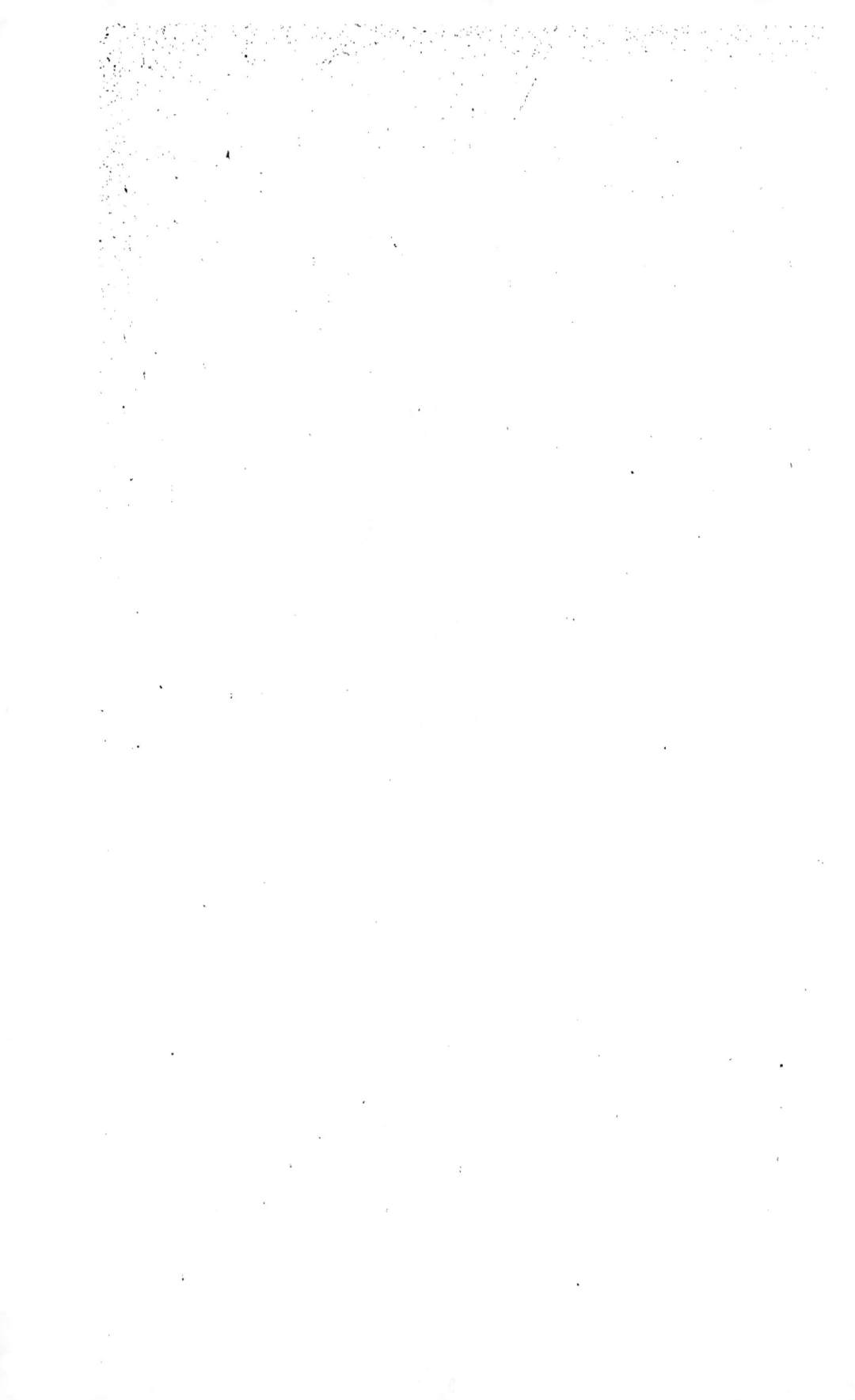

se laisse prendre, et ce fut avec un sentiment
de contentement que je pus m'écrier, en pré-
sentant le pigeon : « Voilà l'apport demandé. »

Cinq personnes avaient assisté à cette curieuse expérience. Avec toute leur bonne
volonté elles ne purent l'expliquer autrement
que par le fait d'une étrange coïncidence. Plus
tard ces personnes m'affirmèrent que c'était
probablement un hibou qui, cherchant sa proie,
avait effrayé des pigeons, dont l'un était venu
s'abattre à notre fenêtre, et ceci encore dans
les alentours de Saint-Pétersbourg.

VI

Matérialisation partielle

Dans l'obscurité. — Apparition *visible* du corps
astral en nuages blanchâtres, prenant la forme
de boules lumineuses, quelquefois de différentes couleurs, disparaissant en spirale et suivi
d'attouchements délicats. Frôlements de doigts
à travers mes cheveux. Enlèvement avec pré-
caution de ma bague, que la main fluidique
plaça sur la table en écrivant : « Dans un an, je
reprendrai ta bague. » Bagues ôtées à d'autres
personnes et mises à mon doigt. Une petite
main toute tiède, en se plaçant dans la mienne,
produisant en moi un sentiment de bonheur
et d'extase et s'évanouissant au moment de sa
disparition, sans que je sentisse le moindre
mouvement, et quoique de mes deux mains je
tinsse cette main dans les miennes.

En même temps une voix se faisait entendre

en me chuchotant à l'oreille la promesse de se matérialiser et de me faire voir une vraie beauté éthérée, entourée de son auréole et de toute sa gloire.

Cette voix me disait :

« Tu es le seul lien qui me retient à cette terre et m'attire d'une sphère plus brillante. Pour que tu puisses remplir ta mission ici-bas, je te soutiens par la main. Cherche, bien-aimé, à augmenter ta force pour fermer le cercle magique qui nous réunit. Trouve une personne de haute spiritualité. Je suis devant toi, ta vue est encore trop matérielle pour pouvoir me voir. Je ne puis pas encore me matérialiser complètement. Je souffrirais trop. Quand tu m'appelleras, je serai toujours près de toi. Tu me demandes comment augmenter ta force ? Courage et patience ! »

Tout un roman idéal s'ensuit, teint d'un amour sublimé, auquel, malgré les expressions de passion, aucun sentiment matériel n'est venu se mêler.

Les deux communications suivantes donnent une idée de la force d'expression de cet amour sublimé.

« Janvier 1889.

« Dearest love, my own on earth, you are the tie and call me from a brighter sphere. You are to do a glorious work; hand in hand, we walk the earth. I shall be your guid and star. You cannot live alone while I in merriment and glee. Now I come to abide with thee. The pail face medium will disappear. I shall then be alone with thee. Find the strength you must obtain and so connect the magnetic chain.

« The sphere you daily walk in life is faith. You are to pass through a great trial, and you will require only strength. Find the one you feel you like and sit twice a week. I can then help you. To all it must be a lady of *great spiritual mind*.

« Keep back influences that are not in spirit life.

« Persue in thy work, that which links heaven and earth, mortal and devine. »

Le 16 janvier 1891, communication écrite à

l'encre de la main de l'esprit et mise dans la mienne.

> Je suis Mineàâh, sœur âme de la tienne,
> Qui t'aime et qui soupire en t'attendant toujours.
> Ne sens-tu pas tout près ma caressante haleine
> Qui te serre et t'étreint du plus brûlant amour
> Tu me fais trop souffrir... Alors que tu pourrais
> Matérialiser ton inutile flamme
> Et donner un beau corps à celle, à tout jamais,
> Qui. . . . .

Puis l'esprit me donne en vers des indications comment matérialiser l'amour et donner un beau corps matériel à un esprit, sans qu'il soit obligé de passer par les mystères de la naissance.

L'héroïne du poème, *Hiawatha* de Longfellow, Minnehaha (Eaux riantes), épouse de l'Indien Hiawatha qui, selon ma supposition, n'existait que dans l'imagination du poète américain, m'informa qu'elle était, dans une existence antérieure, assyrienne, esclave du roi Nabuchodonosor, mise à mort par son ordre. Cet esprit s'est matérialisé pour me faire savoir verbalement et par des écritures directes qu'il prenait un grand intérêt à mon existence terrestre. Souvent, dans des circonstances les plus variées, sa main, une main adorable, que je sentais dans la mienne, une main réelle, s'évaporait et disparaissait pour réapparaître de nouveau, en caressant mes cheveux; de sa voix douce elle me chuchotait à l'oreille les choses les plus tendres et témoignait son désir de se matérialiser, afin que je puisse voir ce que c'est que la vraie beauté, dans toute sa gloire et dans toute sa splendeur. Enterrée nue (1), elle ne voulait pas se matérialiser ainsi. Je devais augmenter ma force pour que la matérialisation lui fût possible.

La légende populaire raconte que le poète Longfellow disait que, quand il se sentait inspiré, deux êtres évaporés apparaissaient dans sa chambre pour lui dicter ses poésies. Encore aujourd'hui les villes de Boston et de Minnéapolis se disputent la place de la sépulture de Minnehaha.

Au mois de juin 1891, Minnehaha, ayant pris possession du corps endormi du médium, me

_____

(1) J'ai appris plus tard que dans la tribu indienne à laquelle appartenait Minnehaha on enterrait effectivement nu.

fit par la voix du médium les communications suivantes (1) :

·1. Dans les vers qu'elle m'avait transmis de mains en mains, le 16 janvier 1891, il n'y avait d'elle que les vers du commencement et de la fin, tandis que les vers du milieu étaient de Cantemir le lithuanien, qui s'était emparé, malgré elle, de mon fluide.

2. Grâce à ma grande foi, nos communications devenaient de plus en plus faciles et elle m'expliqua l'influence du sel et des cendres dans les démonstrations spirites.

3. Les hommes d'aujourd'hui s'approchent de la lumière, mais ils s'en éloigneront et puis la lumière se fera d'un coup.

4. Que mes idées sur la fin du monde sont à peu près correctes. L'esprit, qui de temps en temps inspire à certains savants de déclarer la date de la fin du monde, basée sur des données astronomiques et bibliques, est le même qui recommence maintenant pour la fin du siècle à

(1) Je tiens à constater que le jeune médium, en sortant de la transe, était absolument inconscient de ce qu'il avait dit, n'avait aucune idée d'expériences spirites, ignorait que j'avais reçu au mois de janvier des vers d'un esprit et que la question de la fin du monde m'intéressait.

travailler cette idée dans la cervelle humaine.
Les dates prophétisées à cet effet passeront,
car l'humanité est loin d'être préparée à accepter le royaume de Dieu sur la terre. Cette idée
a souvent été exploitée dans un but personnel.

5. Les mêmes faits sous d'autres formes re-
viennent. Ce qui existe existera toujours.

6. Le corps humain peut être occupé par une
légion d'esprits.

7. Peu de personnes peuvent nous comprendre; on a tort d'avoir peur de nous.

8. Pour reprendre ta bague, je dois la ré-
duire en matière première; il n'en restera que
la couleur et la forme.

✠✠✠✠✠✠✠✠✠✠✠✠✠✠✠✠✠✠✠✠✠✠✠✠

VII

Matérialisation complète

Le 28 novembre 1888. « Te rappelles-tu, bon génie, que tu m'as déjà promis de marquer dans l'Évangile les paroles qui ont été vraiment prononcées par le Seigneur Jésus-Christ? »

La voix de l'esprit. — « Oui, je me le rappelle. Dans l'Évangile, l'homme s'oriente difficilement. »

Je retire alors de ma poche un évangile, et je le place devant moi sur la table, et aussitôt je sens distinctement comme une main invisible qui le prend. Vite, j'allume la bougie, l'évangile avait disparu et, malgré toutes mes recherches, impossible de le retrouver. De nouveau j'éteins la bougie, quelque chose de lourd tombe avec fracas sur la table, et une voix claire et sympathique prononce les paroles suivantes :

« J'ai placé un crayon au chapitre que tu
« dois lire à haute voix. »

La place marquée était chapitre ix de saint
Jean, que je lus à haute voix.

J'avais à peine terminé lorsque l'esprit
parla :

« Ainsi que la vue était rendue à l'aveugle, la
lumière se fait maintenant pour les hommes. »

— Le Seigneur Jésus-Christ n'a-t-il pas pro-
noncé d'autres paroles?

« Oui, mais je ne t'en marquerai que
quelques-unes. J'ai peur que tu puisses les mal
interpréter. Je le ferai une autre fois. »

L'évangile disparut de nouveau et retomba
avec bruit sur la table. L'ayant ouvert, j'y re-
marquai les paroles suivantes marquées au
crayon bleu.

« Saint Marc, chap. x, verset 14... Car le
« royaume de Dieu appartient à ceux qui lui
« ressemblent. » — Verset 15: « En vérité, je
« vous dis que quiconque ne recevra pas
« comme un petit enfant le royaume de Dieu,
« n'y entrera pas. »

« Saint Marc, chap. xiv, verset 9. « En vérité
« je vous dis qu'en quelque lieu du monde

« que cet Évangile sera prêché, ceci aussi
« qu'elle a fait sera récité en mémoire d'elle. »
« Saint Marc, chap. XIII, verset 10. « Mais il
« faut que l'Évangile soit auparavant prêché
« dans toutes les nations. » Verset 11 : « Et
« quand ils vous mèneront pour vous livrer,
« ne soyez point auparavant en peine de ce que
« vous aurez à dire, et n'y méditez point ; mais
« tout ce qui vous sera donné à dire en ce mo-
« ment-là, dites-le : car ce n'est pas vous qui
« parlez, mais le Saint-Esprit. »

« Maintenant je vais me matérialiser. Bodisco, quand je te le dirai, tu allumeras une
allumette et, aussi longtemps qu'elle brûlera, tu
me verras devant toi. »

Quelques moments après, un point lumineux apparaît au milieu d'une obscurité complète, qui soudainement avait envahi la
chambre. Un bourdonnement se fait entendre,
semblable au bruit que fait la vapeur en sortant d'un tuyau. Un profond sommeil s'empare
de mon camarade, et de toute cette scène émou-
vante il ne voit rien, sa tête endormie tombe
lourdement sur ses bras. Le fluide astral se

condense et devient visible à l'œil. Un corps
vaporeux se forme, et luit à travers l'obscurité.
Une voix sympathique m'ordonne d'allumer en
disant : « Aujourd'hui je me matérialise. » Moment suprême ! J'allume. — Devant moi
parut à la lumière la plus belle tête d'homme
que j'aie jamais vue. C'était l'expression de
la bonté même, et les dernières paroles prononcées par l'apparition, toute revêtue de
blanc, resteront à jamais dans ma mémoire. Il
prononça en disparaissant les paroles : « Je te
bénis. »

Cet esprit était un messager venu de l'infini
pour me dire « que les hommes sont devenus
voyants » et m'a donné des réponses à beaucoup de questions faites exclusivement dans un
but *altruiste*, et dont le résumé se retrouve
dans ma profession de foi et dans le chapitre
des révélations.

Une autre fois et à des intervalles de cinq
minutes, la chambre, étant complètement obs-
cure, se trouva tout à coup éclairée *a giorno*,
sous les rayons irradiants de l'apparition d'un

esprit ; ce témoignage éloquent de notre existence *réelle* et *personnelle* dans l'au-delà se
répéta par deux fois pour me persuader et me
convaincre que je n'étais pas sous l'influence
d'une hallucination.

VIII

Révélations

C'est avec une extrême hésitation que j'écris ces mots. Je ne puis m'expliquer pourquoi ce bonheur m'arrive, mais je crois pouvoir dire n'avoir jamais, dans ce tourbillon de la vie mondaine que je mène et que j'aime, sciemment, ni en pensée, ni en action, fait de mal à personne. Grâce aux consolations que le spiritisme accorde, et à la conviction qu'on peut réellement être en communication avec un monde meilleur que le nôtre, tout cela absorbe mes soucis et me donne le sentiment du bonheur de vivre.

L'idée de cette publication me préoccupe ; son caractère est si peu conforme aux idées du monde que j'espère que le lecteur comprendra mon hésitation, mon désir étant d'amener l'homme incrédule à réfléchir, et de lui montrer que l'objet des révélations que je déclare avoir reçues de vive voix d'un esprit matérialisé est la confirmation verbale de la réalité de l'origine divine de la religion chrétienne, fondée uniquement sur l'amour du prochain, de cette religion en essence pure comme le cristal et exempte de toute teinte d'égoïsme.

A toutes mes questions, je le déclare solennellement, l'esprit matérialisé me répondait d'une voix sonore et sympathique :

« La base de toute chose humaine est l'unité dans la bonté ; le reste n'est rien. »

« Aimer son prochain comme soi-même. »

« L'âme après la mort se purifie pendant des milliers de siècles, avant qu'elle ne paraisse en la présence de Dieu, après quoi elle n'a plus d'incarnation. La dernière station de l'âme, à de rares exceptions, est dans le corps d'un enfant. »

« L'âme à travers les âges garde sa person-

12

nalité, mais, pendant et durant chaque incarnation, elle l'ignore, n'en étant qu'un frag-
ment. »

« Ainsi que la vue était rendue à l'aveugle,
la lumière se fait maintenant pour les
hommes. »

« Les esprits vivent dans l'espace ainsi que
sur des planètes, dont la conception humaine
n'a aucune connaissance. »

« Le temps, l'espace et la matière n'existent
pas pour l'esprit. »

« Quand l'esprit se matérialise, il reprend le
corps humain avec ses cinq sens, mais il en
apporte d'autres inconnus sur votre monde,
et que les langues humaines ne peuvent
exprimer. »

« Les esprits ont pour mission de s'occuper
des hommes, et sont heureux quand on prie
pour eux. »

« Les esprits désirent communiquer avec les hommes, mais ce sont les hommes qui ont peur des esprits. »

« Les hommes, pour ce qu'ils peuvent voir et entendre de la vie de l'au-delà, se divisent en d'innombrables cercles. »

« Les uns voient et les autres ne voient pas. »

« Les démonstrations spirites ne peuvent se produire que si la force médianimique est grande. »

« L'incrédulité empêche la séance. »

« Le retour des idées saines fait revenir les bons esprits. »

« A des questions sérieuses les réponses sont sérieuses; à des questions banales les réponses sont triviales. »

« La séance est toujours influencée par la disposition d'esprit des personnes présentes. »

« Ce n'est que quand les esprits en ont la permission qu'ils peuvent répondre à des questions d'intérêt matériel. »

« Un accord parfait facilite la matérialisation. La gaieté et le rire franc facilitent les démonstrations. »

« Au ciel il n'y a pas d'hommes vivants, comme tu pourrais le comprendre. »

Question : « Faut-il considérer les relations intimes entre hommes et femmes comme des péchés? »

« — C'est la seconde fois que tu me fais cette question. Je t'ai déjà répondu que la base de toute chose humaine est la bonté ; le reste n'est rien.

« Je me suis matérialisé devant toi tel que j'étais à l'âge de quarante ans ; je t'aurais fait peur si je m'étais matérialisé tel que j'étais à quatre-vingts ans, le moment de ma mort.

« — Pourquoi ?

« — Pendant ma vie sur la terre je ne fai-
sais que châtier mon corps.

« — Pourquoi ?

« — Signes des temps.

« Ce châtiment ne m'a été d'aucune utilité (1). »

« Le spiritisme est un mystère accessible à
peu de personnes. Dans l'Évangile tu trouve-
ras beaucoup de faits confirmant le spiritisme.
Les paroles que l'Église a interprétées contre
le spiritisme sont mal comprises; elles se rap-
portent à toutes autres choses. »

« Les paroles du Christ : « Je vous le dis,
« Elie est déjà venu », admettent la croyance
spirite de l'incarnation. Les apôtres, compre-
nant qu'il parlait de Jean-Baptiste, le confir-
ment.

« Les hommes de la science, qui ont la foi
comme base, peuvent seuls arriver à s'appro-
cher de la vérité; les autres tombent dans la

(1) Cette réponse établit l'inutilité de la pénitence corpo-
relle.

fausse science et prennent des signes pour la
réalité. »

« La vérité est étrange, plus étrange que la
fiction. »

« Les œuvres des génies sont des inspira-
tions de l'esprit ; les poésies populaires ne sont
que les fruits de l'imagination. »

« Les héros et les héroïnes du poème de
génie ne sont pas toujours imaginaires, mais
sont souvent des personnalités qui ont existé.
Minnehaha, en vérité, a existé, mais la matérialisation lui est encore difficile. »

Question : « Les hommes ont-ils le droit de
s'appeler les enfants du Seigneur?
« — Assez, je te bénis. »

Un profond silence envahit la chambre et
toutes mes questions restèrent sans réponse (1).

_____

(1) Deux autres révélations m'ont été faites que je crois
n'avoir pas le droit de divulguer.

INSPIRATIONS

SUR DES QUESTIONS ÉCONOMIQUES

INSPIRATIONS

SUR DES QUESTIONS ÉCONOMIQUES

Souvent tu m'invites à te donner des idées pratiques dans le but d'améliorer l'état économique de ta nation.

Il me serait plus facile de t'amener à comprendre comment procéder à la réalisation des grands principes économiques ayant trait à l'humanité entière, que de te communiquer les moyens pratiques ayant pour but de corriger les errements contre ces principes d'un peuple spécial.

Ton but étant purement altruiste et la foi admettant la possibilité d'une pareille commu-

13

nication, font que la force médianimique m'attire à te répondre; malgré que je sois dans une
sphère bien éloignée de vos préoccupations
humaines, je t'y attends cependant toujours.

Les quelques indices que tu recevras seront
comme des semences ; tâche de les bien ense-
mencer, car ce que tu demandes est bien
simple, l'égoïsme humain l'a rendu compliqué.

Écris :

L'amour donne tout.

L'amour se développe seulement sur un ter-
rain où la confiance mutuelle prend racine.

L'âme humaine, l'enfant de l'amour, devient
somnolente là où cette confiance mutuelle, sous
la forme la plus vulgaire, celle du crédit, existe
à peine. Elle se sent opprimée et perd ses qualités nécessaires pour donner à ses enveloppes
terrestres la possibilité de jouir des richesses
que le Seigneur a répandues si profusément
dans la nature.

Tu as raison de sentir que la grande foi et la

patience angélique du peuple russe doivent être les germes d'un brillant avenir. Je te dirai qu'elles n'attendent qu'à être fécondées par l'amour, pour que le fardeau des besoins de ce peuple disparaisse.

La Providence, avant d'inspirer à l'homme le sentiment de contentement, demande qu'il développe son âme par un travail non égoïste ; de même elle exige ce travail d'un peuple avant de lui permettre de cueillir les bienfaits qui naissent de la réalisation des grands principes. Cette même Providence accorde à tout gouvernement un temps limité pour montrer l'exemple de l'application de cet amour, dans ses rapports avec son peuple.

Uni par l'amour dans son souverain, le peuple russe, par la sérénité de son caractère, facilite déjà cette tâche à tel point que, si l'humanité entière possédait cette suprême qualité pour ceux qui la gouvernent, la face de la terre serait tout autre.

Alors !

Moins de tutelle.

Les intermédiaires entre le gouvernement et le peuple, sous prétexte de vouloir tout améliorer, usurpent le nom du gouvernement, s'emparent dans toutes vos transactions et entreprises de l'âme libre du peuple, et, contre tous, ils trouvent leur raison d'être et leur force dans cette tutelle, que le gouvernement, induit en erreur, croit nécessaire d'imposer en s'imbibant de plus en plus, dans un cercle vicieux.

La propriété personnelle.

La propriété personnelle est la seule pour le moment capable de retirer de l'âme de ton peuple tout ce qu'elle est à même de produire, car son état moral pour le présent est encore loin de pouvoir réaliser la haute idée, cachée sous la commune rurale, vu que les éléments qui constituent aujourd'hui cette commune, causent l'appauvrissement des champs, et entravent le principe de la liberté de circulation. Vos terres, n'étant plus soignées, ne produisent plus ce qu'elles sont à même de produire ; chaque année vos pertes augmentent, causent la misère et deviennent de plus en plus irréparables.

Que la banque des paysans ne fasse des avances qu'aux individus particuliers, alors la propriété de la commune s'éteindra sans spasmes, au profit de l'économie générale.

Trop de terres végètent dans l'administration des domaines de l'Empire; mieux vaut en faire cadeau pour l'enrichissement du fisc.

Sache que, quand la propriété communale appartiendra aux paysans propriétaires, les couleurs des tableaux des tristes émigrations, forcées par la nécessité, deviendront de suite moins sombres, et les chants de la gaieté reviendront dans vos campagnes.

Laisser chacun semer avant de récolter.

Ce principe est entravé par l'égoïsme du fisc dans la réalisation à tout prix du sou du moment, et surtout par le système défectueux de la perception de vos impôts, et non pas par leur importance.

Cette perception nécessite indirectement, dans toutes les branches de l'administration, un grand nombre d'intermédiaires égoïstes, se créant du travail improductif aux dépens du génie du peuple.

Sache que les impôts sur les transactions : timbres, impôts d'enregistrements, l'existence des guildes et des privilèges des corporations d'artisans *arrêtent la roue de la vie* et sont les causes *secrètes* de vos inutiles formalités, qui tuent l'âme de vos entreprises, anéantissent la grande force des petits capitaux, établissent partout la possibilité des monopoles, et conduisent à la pauvreté.

Ces revenus seront amplement retrouvés dans un impôt personnel, n'offrant aucune difficulté pratique à établir, percevoir et contrôler ; aussi ils se retrouveront dans une amélioration du cours qui suivra inévitablement le réveil dans les affaires.

Les avantages du système protectionniste seront toujours des chimères sans une abondance d'argent dans la circulation.

Liberté de circulation et circulation gratuite des voyageurs.

L'exploitation de la circulation par le gouvernement n'a raison d'être que si elle est entreprise dans le but de réaliser ce grand problème, encore incompris par l'humanité entière.

La réalisation de ce grand principe brisera les chaînes du génie humain, et produira l'abondance sur la terre.

L'application pratique de ce principe apportera une énorme augmentation dans le trafic des marchandises, remplira les nombreuses places transportées aujourd'hui dans chaque train improductivement et donnera aux gouvernements la possibilité de trouver les moyens de payer les dépenses d'exploitation :

1° Par une petite augmentation temporelle des prix dans le tarif des marchandises ;

2° Par des taxes sur les nouvelles richesses qui surgiront pour le bien-être général de l'humanité, et pour des raisons spéciales pour la Russie et les États-Unis d'Amérique en particulier.

La myopie de l'égoïsme humain ne voit là que des complications, où la simplicité de l'idée

est évidente, et empêchera pour longtemps ce
rêve de devenir une réalité.

Qu'on fasse le calcul, la réalisation de ce principe n'apparaîtra plus comme une chimère.

Pour guérir, la foi est plus puissante que la
science. Vos sciences médicales éloignent
l'homme de la foi.

Rendez plus accessible la possibilité d'être
médecin, le peuple sera moins exploité.

Sur la triste question de la nécessité des armées, je ne te dis rien, car elle relève de l'état
général de l'humanité, et non d'un peuple particulier.

La terre, comme un ballon, gonfle et crève en
donnant la possibilité aux éléments de niveler,
et à la guerre d'aplanir les richesses amassées
par les injustices humaines.

Sache que les guerres, les famines et les
déchaînements d'éléments marquent toujours
leur passage par une purification d'atmosphère
d'injustice séculaire.

La vague menaçante de la vie humaine se brise contre vos murs et doit, d'après les lois naturelles, malgré vos armées, vous engloutir. Dans ce bourdonnement sourd qui tonne déjà contre vous, au delà de vos frontières, vous entendez son bruit. Pour la tranquillité du monde et le bonheur de la Russie, acceptez à temps cet oracle !

Nivelez vous-même vos murs, afin que l'étranger en Russie ne puisse rester toujours étranger et non seulement brigue l'honneur d'être sujet russe, mais dans son âme le devienne.

Si l'on n'adopte pas ces principes d'économie politique, beaucoup de générations passeront sans qu'une amélioration perceptible puisse se produire dans l'état du bien-être général.

Tu prépares un plan pour de grandes actions, mais, pour quelque temps seulement, la bêtise humaine ne verra en toi, plus ou moins, qu'un fou.

Que t'importe !

14

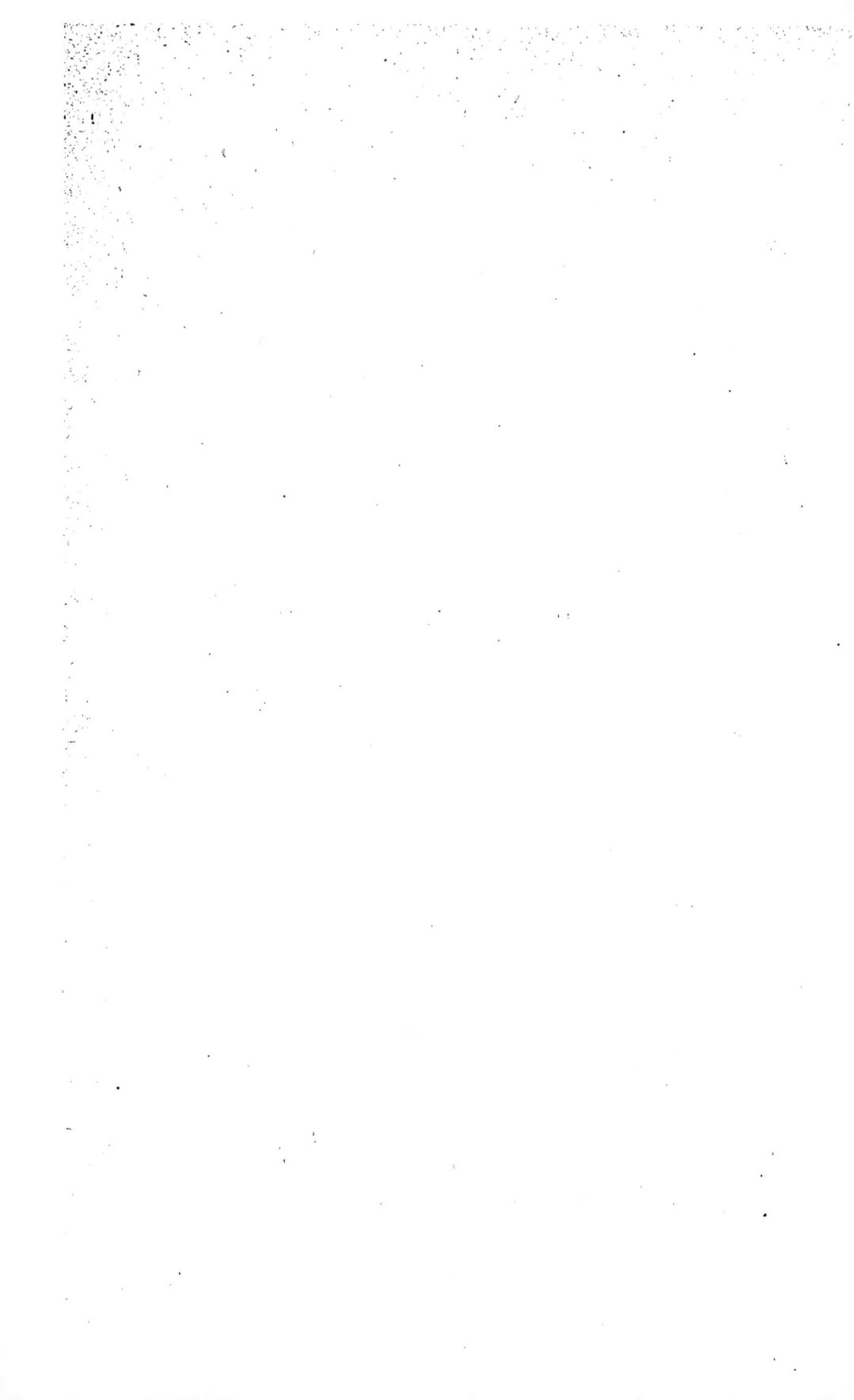

LA

HAUTE SCIENCE DU SPIRITISME

LA

HAUTE SCIENCE DU SPIRITISME

Évolution de l'homme vers l'amour universel

Tout me fait croire que l'humanité entre dans une phase nouvelle de son existence. Dans toutes les littératures, de plus en plus, le mysticisme joue un rôle important et non sans raison occulte ! La vie ne paraît plus autre chose qu'un vortex d'atomes et les sciences sont impuissantes à les débrouiller. D'après des symptômes visibles partout, la religion perd son influence et la société aspire à de nouveaux horizons.

Aujourd'hui, comme un phare lumineux, la

haute science du spiritisme vient répondre à
cet appel pour convaincre l'homme qu'il peut
encore puiser, par les voies transcendantales
du spiritisme, des connaissances dans des civi-
lisations qui ont cessé d'exister, qu'il peut
être en rapports avec des êtres supérieurs et,
par eux, profiter de l'expérience des âges pour
hâter son avancement.

Mes expériences m'ont démontré que, pour
obtenir une séance vraiment spirite, il faut
que les personnes qui y assistent puissent déclarer qu'elles ont, les unes pour les autres,
une confiance mutuelle et qu'elles sont en paix
avec le monde entier, car, autrement, toute
séance, dite spirite, se transforme en séance
d'obédaïsme, c'est-à-dire communications avec
les élémentaux ou esprits inférieurs, auxquels
je suis parvenu à tracer l'origine de toute la
mythologie ancienne avec sa raison d'être. Ces
élémentaux sont les esprits des orgueilleux,
des méfiants, des méchants et des personnes
suicidées; ils exercent leurs influences dans
les sphères inférieures où règnent les pen-
chants égoïstes, ils ont pour mission de pro-
téger le monde invisible des yeux des mortels

et puisent leurs forces dans la méfiance humaine, et par leurs communications futiles et mensongères, ces esprits obscurs, tout en s'appropriant des noms ronflants, ont arrêté pendant des siècles l'évolution humaine et le progrès du vrai spiritisme.

La présence d'élémentaux à une séance spirite se fait sentir par les frissons qu'on éprouve, appelés frissons de fantôme, tandis que la présence d'esprits élevés ou esprits de lumière tranquillise les nerfs et cause un sentiment de béatitude.

L'amour, la foi, le courage et la patience seuls peuvent écarter l'influence de ces élémentaux. Bienheureux l'altruiste qui tâche de réunir ces qualités avec le désir d'approfondir la création dans toute sa gloire et dans toute sa splendeur, car pour l'humanité c'est l'unique devise pour arriver à dévoiler les splendeurs de l'invisible et pour les rendre aux mortels encore sur cette terre, accessibles à leurs sens.

L'humanité est arrivée au seuil de cet invisible, mais pour l'Académie des sciences le

voile d'Isis ne se lèvera pas, jusqu'à ce que la
science humaine ne devienne chrétienne en
acceptant par la foi le premier lien de la grande
chaîne qui unit l'humanité au divin. C'est vers
cette foi que nous avançons, et il est à prévoir qu'elle sera forcée dans la science par la
voie expérimentale du spiritisme, et cette foi
deviendra l'auréole resplendissante de notre
fin de siècle et pour toute l'humanité le commencement d'une ère toute nouvelle.

Traité avec ironie et avec dédain par ceux
qui sont fiers de s'être débarrassés de pareilles
superstitions, le spiritisme, auquel aujourd'hui
le nom de science est refusé, est encore un
mystère accessible à un nombre bien minime
d'individus. De toutes les sciences, elle est la
seule, cependant, qui nous donne la possibilité
de nous abîmer dans les profondeurs de notre
être, afin d'arriver à la connaissance par la
voie expérimentale des mystères sublimes de
notre éternel soi; aux incrédules elle peut
donner la foi pour comprendre et sentir le but
de leur existence, et à tout homme indépen-
dant, qui voudrait l'étudier sans parti pris,

elle accorde un sentiment certain sur l'existence des mystères dans l'au-delà avec une
compréhension parfaite et toute consolante
sur la valeur de ces choses que le monde est
habitué à appeler réelles et qui ne sont, heureusement, que figuratives.

Cette assurance nouvelle doit contribuer à
la régénération de l'humanité entière; elle fera
naître dans l'homme, dans tout son être physique, une telle harmonie, et dans son âme une
telle sérénité que la santé physique en sera le
résultat définitif.

Le vrai chrétien n'a pas besoin d'approfondir
les mystères du spiritisme; il est déjà spirite
sans le savoir, mais, quant à nos études scientifiques, devenues presque athées, et pour
l'homme incrédule ou égoïste, il n'en est pas
de même.

Cette science explique et confirme par des
faits respectifs obtenus par voie expérimentale et surtout par analogie, nombre de mystères et d'allégories de l'Évangile. Ainsi, par
exemple, le mystère de la résurrection du corps,
que la science actuelle rejette et que bien des
chrétiens n'acceptent qu'avec difficulté, se

15

trouve physiquement et palpablement démontré par la matérialisation. De même le chapitre II de la Genèse, citant l'origine de la
femme, se trouve par analogie aussi expliqué
dans l'émanation, souvent visible, du fluide
astral de la côte du médium endormi, suivi de
la matérialisation.

Le vrai spiritisme, fort de son indépendance
et ne subissant l'esclavage d'aucune secte,
pourra seul rétablir, aux yeux du matérialiste,
l'existence d'une intelligence suprême, cette
existence du principe du bien personnifié en
Dieu; seul il détruira (1) l'erreur des siècles
et leurs croyances ; seul il expliquera sans
contredire le véritable esprit de l'Évangile ;
seul il constatera la personnification de l'existence absolue et unique du principe du bien,
en démontrant clairement que le principe
du mal n'est par lui-même autre chose que
l'égoïsme identifié dans l'amour de son propre
moi, cet unique et indubitable fléau de l'hu-

_____

(1) La croyance à l'existence de l'enfer a fait son temps;
cette croyance était conforme à l'idée que le peuple juif s'est
faite d'un Dieu vengeur, mais étrangère à toute logique et surtout incompatible à l'idée du grand Dieu miséricordieux des
chrétiens.

manité, seule et vraie cause de tous nos maux,
tant physiques que moraux, ainsi que de toutes
nos privations.

Enfin cette science peut donner à ceux qui
auront le courage de l'approfondir la preuve
matérielle que c'est uniquement par amour
pour les autres, par l'altruisme, par un oubli
de soi-même, non outré, que l'homme peut
éprouver sur cette terre le bonheur de vivre
et peut s'imprégner visiblement de la présence
de Dieu.

Vous qui avez l'intention d'entreprendre
l'étude de cette science, réfléchissez-y bien
auparavant, car vous ne pourriez guère avan-
cer sur cette immense voie qu'en vous appuyant sur les résultats de vos propres recherches ; mais, par contre, vous obtiendrez
alors vous-mêmes des preuves matérielles que
la bonté n'est pas un vain mot, mais qu'au
contraire, c'est de tout point une force réelle.
Ce résultat une fois obtenu, vous tâcherez de le
mettre en pratique dans vos actions et dans
vos relations avec votre prochain. Vous de-
manderez à Dieu qu'il vous soit permis de

contribuer à ce que le sens et la portée sublime
des mystères et des allégories du saint Évangile soient compris dans tout l'univers de la
même manière.

Les religions n'ont pu malheureusement
jusqu'à présent inculquer aux hommes cette
unité dans l'amour, par la raison qu'elles prê-
chaient ce même principe d'une manière trop
abstraite, imbues qu'elles étaient pour la
plupart d'intolérances et des mêmes intérêts
égoïstes, qui ont si fortement contribué à
éloigner l'homme de son origine divine.

L'étude du spiritisme dépend du point de vue
dans lequel on l'entreprend.

Entreprise sans foi ou dans un but égoïste,
elle mène à la fausse science, elle mène aux
orgies de la magie noire, à l'incubat et au suc-
cubat, mais le plus souvent à la folie. C'est pour
cette raison que l'Église la défend, mais elle a
tort, car l'homme, se voyant dans cette société
d'esprits de son vivant, aura horreur à l'idée
d'y être après sa mort et fera des efforts pour
vaincre son égoïsme et rentrer de son vivant
sur la voie du bien. L'étude du spiritisme est

même entourée de dangers physiques si on
n'arrive à obtenir les connaissances nécessaires pour soutenir la densité du corps astral.
L'incrédulité de parti pris empêche et arrête
tout avancement dans la grande voie du spiritisme, car cette incrédulité obstrue les sens et
se convertit en barrière matérielle. La confiance
et la patience pendant les séances spirites sont
mises à l'épreuve par toutes sortes de *fumiste-
ries*, dont on risque d'être dupe, si elles ne sont
pas traitées avec bonne humeur et avec une
indulgence à toute épreuve, car il arrive souvent que des médiums, pris en flagrant délit,
peuvent ne pas être responsables de leurs
actes, se trouvant parfois sous l'influence
des esprits inférieurs et quelquefois même en
être possédés. Seulement après avoir subi
ces épreuves, vous remarquerez pendant les
séances spirites comme le vrai se sépare du faux
et, comme récompense de votre foi, vous accom-
plirez des merveilles ; votre foi s'imposera
aux autres, et vous arriverez à comprendre
que c'est bien dans la méfiance humaine
que les esprits inférieurs puisent leur force
pour empêcher l'abord du monde invisible.

Les hommes confiants, patients et indulgents, seuls, peuvent vaincre les obstacles qui séparent les deux mondes et prévoir l'aurore resplendissante du monde spirituel, qui doit finalement absorber le monde physique par l'union des hommes dans l'amour universel.

Futur levain du christianisme, aujourd'hui encore la risée du monde scientifique, cette science appartient à l'avenir. Le spiritisme n'exige pas de l'homme une vie de privations ou de jeûnes; il n'exploite pas les relations des sexes pour mieux dominer la race humaine, il ne prêche pas une morale qui varie selon les siècles et qui change sous l'influence des climats; il n'érige pas l'amour en péché pour la sujétion de la femme et pour la persécution du bâtard innocent, mais il indique comme un moyen efficace pour rétablir l'égalité entre l'homme et la femme et pour que judiciairement il n'y ait plus de bâtards, que les enfants prennent le nom de famille de leur mère.

Enfin le spiritisme ne reconnaît, comme base de toute chose humaine, que la bonté; sur elle

seule il fait reposer la base de toute l'existence
sociale en donnant à toute personne qui vou-
dra l'approfondir la possibilité de se persuader
du fait que toutes nos questions sociales
pourront seulement être résolues à la satis-
faction générale lorsque, dans nos relations
d'ici-bas, l'application du principe de la bonté
deviendra universelle, et lors de cet heureux
moment il se produira imperceptiblement dans
le corps de l'homme une telle évolution physique que les besoins corporels, en diminuant
peu à peu, cesseront d'exister.

Cette grande évolution ne pourra s'accomplir avant que l'égoïsme matérialisé, l'argent,
qui aujourd'hui s'établit de plus en plus en
souverain et maître des destinées humaines,
aura cessé d'avoir sa raison d'être. L'homme
doit trouver dans le progrès social le moyen
de se passer de cet instrument de torture, de
cet enfant des méfaits des siècles, pour qu'enfin, ici-bas, la justice divine puisse devenir
manifeste pour tous, afin que le royaume de
Dieu soit sur la terre comme au ciel. Car la
fin du monde physique ne peut être qu'une
lente dématérialisation du tout *en lumière ou*

matière première se réalisant pour l'homme dans son entrée dans l'amour, par la cessation graduelle de ses besoins physiques.

Cette dématérialisation générale du corps physique de l'homme, sans passer par le baptême de la mort, pourra s'accomplir seulement de concert avec la purification spirituelle de l'humanité par le triomphe universel de la bonté.

Résumé scientifique

RÉSUMÉ SCIENTIFIQUE

Théories et déductions
fondées sur des expériences personnelles

I

I. — L'espace est rempli de fluide astral, émanant de tous les corps.

II

II. — Le fluide astral dans le corps humain constitue dans la personne même le degré de sa force médianimique passive ou active. Ces deux forces sont nécessaires pour pouvoir produire des démonstrations spirites et, seulement à des rares exceptions, elles se concentrent dans la même personne.

III

III. — La force médianimique passive se traduit par des transes.

IV

IV. — Confirmation que le fluide astral
s'emmagasine dans le grand sympathique du
corps humain.

V

V. — Le fluide astral dans l'obscurité se condense en nuages vaporeux, et devient visible à
l'œil ; à la lumière il se diffuse.

VI

VI. — L'action de la force médianimique active, agissant sur la force médianimique passive, fait émaner du corps humain le fluide
astral, indispensable pour la réussite des expériences spirites.

VII

VII. — L'émanation du fluide astral fait baisser la température du corps. La chaîne des mains facilite son émanation.

VIII

VIII. — Le fluide astral, condensé en corps astral, est le plus important de tous les corps qui existent dans la nature, étant le corps du *soi* éternel, en même temps que le corps impérissable des *moi* temporels de chaque existence humaine de la même personne.

Ce corps est l'unique lien physique entre le monde visible et le monde invisible, l'unique lien par lequel le monde invisible peut se révéler aux sens des mortels.

IX

IX. — L'émanation consciente ou inconsciente du fluide astral, excitée physiquement par

la science ou par des passes, mais sans amour
et sans foi, produit le magnétisme animal, suivi
par les états profonds de l'hypnose ; mais cette
même émanation, évoquée par une personne
ayant foi en Dieu, et ayant sincèrement le désir
de pratiquer l'amour du prochain, procure à
celui qui peut obtenir et manier ce fluide astral
une harmonie intérieure qui se traduit par la
santé physique et un pouvoir spirituel se mani-
festant par des dons : visions, clairvoyance,
guérison, consolation, etc.

X

X. — Avec l'aide du corps astral, tout être
ou objet n'existant plus d'après nos lois physiques, peut être reconstitué et rendu pal-
pable à nos sens.

Les expériences pratiques produisant la matérialisation et la dématérialisation sont pour
les personnes parvenues à les produire une
preuve absolue de l'unité de la matière du
monde animal, végétal et minéral.

XI

XI. — La lumière, c'est la matière première de tous les corps.

Mes expériences de dématérialisation le prouvent par le fait que du corps dématérialisé il ne reste que la forme et la couleur.

XII

XII. — Le corps astral engendre une force médianimique d'une telle puissance vivifiante qu'aucun microorganisme du corps humain ne peut lui résister.

L'émanation consciente de cette force produite par l'apposition des mains ou extirpée par la foi, unie à la force médianimique passive, peut causer des guérisons dites miraculeuses.

XIII

XIII. -- Les propriétés vivifiantes du corps astral sont si grandes que l'être humain phy-

siquement mort, en s'imprégnant des fluides
de ce corps, peut reprendre ses formes primi-
tives, rentrer dans la sphère des humains, apparaître en chair et en os pour se dématérialiser ensuite en s'évaporant (1).

XIV

XIV. — L'action réciproque des forces médianimiques produite par la chaîne des mains
facilite l'émanation du fluide astral et contribue
à soutenir sa condensation, qualité physique
indispensable pour éviter de fâcheux accidents
pendant les expériences d'occultisme pratique.

XV

XV. — On a raison de croire que le fluide
astral peut être emmagasiné dans des objets

(1) Mes expériences m'ont confirmé de la manière la plus absolue que les organes fonctionnent chez l'être d'outre-tombe,
et que cet être ainsi matérialisé se trouve non seulement pos-
sesseur de nos cinq sens, mais qu'il en possède aussi d'autres,
que les langues humaines n'ont pu exprimer, « les sens du
divin ».

matériels et servir à faciliter et à produire les
expériences spirites (1).

XVI

XVI. — Les actions de l'âme humaine se matérialisent visiblement et invisiblement. La
pensée se matérialise par le travail. L'égoïsme
humain se matérialise dans l'argent (2).

XVII

XVII. — Toutes les actions, bonnes ou mauvaises, tous les sentiments humains émanent du
corps avec le fluide astral, prennent de la consistance, se revêtissent d'un corps et deviennent
réels ; ils se matérialisent pour des sens plus
raffinés que les nôtres et planent dans l'espace,
ainsi que tout objet matériel nous apparaît sur
cette terre ; pour cette raison, la narration
d'un fait du passé dépend de la lucidité de l'es-

(1) Cette déclaration doit être encore confirmée par des expériences et des recherches sérieuses.
(2) L'argent, n'étant que l'égoïsme humain matérialisé, constitue le plus grand empêchement au développement spirituel
de l'humanité.

prit, et sa prophétie du degré de sa pureté ; car
l'avenir et le passé n'étant, au point de vue du
spiritisme, qu'une fiction, le présent seul existe,
ce dont un esprit pur peut uniquement avoir
conscience.

XVIII

XVIII. — Des expériences souvent répétées
donnent la preuve matérielle qu'un objet peut
être transporté à travers la matière par la dématérialisation ou réduction en matière première, sans laisser la moindre trace de son
passage dans cette matière.

XIX

XIX. — La peur et les frissons, que les débu-
tants éprouvent pendant les premières séances
spirites, sont les émanations de l'égoïsme aban-
donnant leurs corps et marquent la présence
d'élémentaux.

C'est le commencement de la purification
psychique du corps, facilitant la communication avec les esprits.

XX

XX. — La sensation d'un souffle ou de frissons pendant la prière est la preuve matérielle accordée que cette prière est entendue.

Le souffle de l'esprit senti sur le front produit une augmentation, dans l'homme, de sa force vitale.

XXI

XXI. — La communication des esprits avec les mortels est facilitée par la méditation, par des idées de haute envolée, par des séances spirites, par l'échange, pendant ses séances, d'objets vénérés, tels que croix ou images, par des expressions de sympathie, par la vibration de l'air causée par le chant (1).

(1 La vibration de l'air causée par le chant explique la raison d'être et l'origine du chant pendant les cérémonies religieuses, vu que le chant prédispose à la méditation, et la méditation produit une émanation accentuée de notre corps du fluide astral. Cette émanation facilite les communications physiques du monde de l'au-delà avec nous.

XXII

XXII. — L'âme humaine a une généalogie qui n'a rien de commun avec celle du corps.

L'homme peut posséder la connaissance, mais non le sentiment de cette existence antérieure.

XXIII

XXIII. — Par la foi l'homme peut obtenir le don de pouvoir se dématérialiser et, par la force de la volonté, de pouvoir faire sortir son âme de son corps (1).

XXIV

XXIV. — La clairvoyance dans l'homme est un état psychique dans lequel son *moi* est temporairement inconscient, son corps étant occupé à son insu par un esprit ou par une légion

(1) Cette expérience est dangereuse, faite surtout sans préparation préalable par la prière.

d'esprits qui en prennent toutes les qualités,. mais lui apportent d'autres sens, grâce aux- quels sa faculté de voir dans l'espace, sa faculté de reconstituer les images du passé, de les per- cevoir dans l'avenir et de les voir dans le présent, même avec les yeux bandés, dépend de la pureté de l'esprit qui occupe son corps.

D'une personne magnétisée à l'état de clair- voyance, la science peut obtenir des informa- tions utiles sur les propriétés du corps astral. Ce corps apparaît à la personne magnétisée comme une lueur blanchâtre, entourant tous les organes du corps humain, se portant là où passent les mains du magnétiseur.

XXV

XXV. — Le mariage fondé sur l'amour est d'origine divine ; c'est l'emblème temporel de l'union spirituelle dans l'éternité de deux âmes sœurs, séparées pendant leurs incarnations terrestres, dont l'une, pour un temps désin- incarnée, est consciente de son état, l'autre, carnée, inconsciente, tant qu'elle n'en est pas prévenue par les voies du spiritisme. De cette

manière le mystère que les unions réelles ne
se font qu'au ciel se trouve confirmé.

Le mariage sans amour, malgré sa consécra-
tion par l'Église, n'est plus un mystère, c'est
un viol flagrant du *moi* de l'existence humaine,
c'est un viol du corps astral, c'est l'absence
des sens du divin dans l'acte de la création,
et cette absence donne naissance à des êtres
inférieurs, au physique comme au moral,
dépourvus de spiritualité ou de fluide astral.

L'Église devrait trouver des moyens pour
que le mariage qu'elle consacre soit fondé sur
l'amour et se constituer défenseur de cette
institution divine, menacée aujourd'hui par
les exigences du service militaire et par les
exigences de l'éducation officielle, afin de
rendre à ce sacrement, profané par l'égoïsme
humain, la sainteté de son origine divine.

CONCLUSION

CONCLUSION

C E que les Églises rêvent, c'est la haute science du spiritisme matérialisé. C'est pourquoi, je tiens à le déclarer, c'est à l'Église de se mettre à la tête de ce mouvement spirite qui envahit l'univers, de l'étudier pour en expliquer la portée et en éviter les écueils. De la sorte la société, qui aspire déjà à de nouveaux horizons, serait sainement guidée vers un but paraissant nouveau, mais en réalité identique à celui que l'Église chrétienne de l'univers poursuit depuis si longtemps,

18

sans disposer des moyens matériels pour faire cesser l'égoïsme collectif des corporations et des nations, par l'abolition de toute politique nationale protectionniste, afin de trouver, dans la liberté des transactions humaines, l'amour du prochain, cette force matérielle qui conduit au bien-être général physique et moral.

FIN

TABLE

TABLE

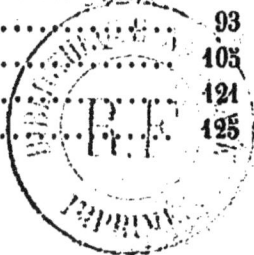

TOURS, IMPRIMERIE DE E. ARRAULT ET Cie.

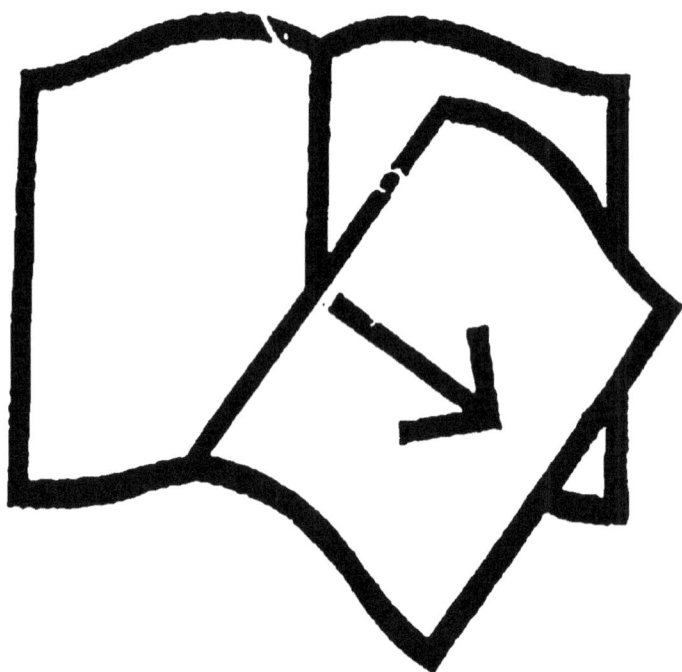

Documents manquants (pages, cahiers...)
NF Z 43-120-13

www.ingramcontent.com/pod-product-compliance
Lightning Source LLC
Chambersburg PA
CBHW072113090426
42739CB00012B/2950